U0681556

# 士者弘毅

潘维◎著

SHI ZHE HONG YI

中国人民大学出版社
·北京·

图书在版编目（CIP）数据

士者弘毅/潘维著．—北京：中国人民大学出版社，2019.2
ISBN 978-7-300-26708-1

Ⅰ.①士… Ⅱ.①潘… Ⅲ.①社会科学-文集 Ⅳ.①C53

中国版本图书馆 CIP 数据核字（2019）第 024368 号

士者弘毅
潘维　著
Shizhe Hongyi

| | | | |
|---|---|---|---|
| 出版发行 | 中国人民大学出版社 | | |
| 社　　址 | 北京中关村大街 31 号 | 邮政编码 | 100080 |
| 电　　话 | 010－62511242（总编室） | | 010－62511770（质管部） |
| | 010－82501766（邮购部） | | 010－62514148（门市部） |
| | 010－62515195（发行公司） | | 010－62515275（盗版举报） |
| 网　　址 | http://www.crup.com.cn | | |
| 经　　销 | 新华书店 | | |
| 印　　刷 | 中煤（北京）印务有限公司 | | |
| 规　　格 | 170 mm×240 mm　16 开本 | 版　　次 | 2019 年 2 月第 1 版 |
| 印　　张 | 13.5 插页 2 | 印　　次 | 2019 年 6 月第 2 次印刷 |
| 字　　数 | 132 000 | 定　　价 | 49.00 元 |


版权所有　侵权必究　印装差错　负责调换

# 序

机缘巧合留下少许人文类的文字，又筛选了些近两年的社科类文章，今以《士者弘毅》为名结集面世，颇不易。新中国在七十年大庆前夕遭遇严峻挑战，更令人感慨万千。正是“西风烈，长空雁叫霜晨月。霜晨月，马蹄声碎，喇叭声咽”。在年初的深冬寒夜，写下这段文字，权为此书之序。

遭遇美国领衔的经济“脱钩”围堵，我国面临四十年未有之变局。改革开放以来，与美国和世界“挂钩”是我国经济腾飞的重要动力源。遇到复兴大业的最后一道门槛，我国面临七十年未有之变局。应对西方“神圣同盟”的经济冷战，倒在门槛边的概率不小。更被霸主视作唯一的“战略竞争对手”，我国面临百年未有之变局。自有世界大战以来，我国从一战、二战、冷战的边缘角色变成了绝对主角。无论是否有“中国世纪”，贯穿21世纪的必是世界的“中国问题”。

中国经济强势崛起，是美国发动经济冷战的原因。“贸易赤字”和“知识产权盗窃”只不过是经济冷战的长期借口。威胁市场脱钩、技术脱钩、金融脱钩、人员往来脱钩，步步为营，目标是我国官民一体的经济脊梁。举世皆知，我国视美国为友，而且呼唤建设“人类命运共同体”。但倘若美国认定其保持霸权地位的利益与中华民族复兴的利益不兼容，会发生什么？

民族自立系于精神自强。只要精神不垮，中华民族就不会被打垮。本书编辑把书中文章分为三类：士子弘毅的精神、文化自觉的精神、社会主义的精神。

复兴大业任重道险，“士不可以不弘毅”。无雄图不足以负重，非坚忍不足以克险。我国依旧落后，全面落后于发达国家。落后的总根子是人均收入还严重落后，如去年（2018 年）我国以 1 万美元的人均 GDP 落后于美国的 6 万美元。但我们知耻后勇，急起直追。天上不掉馅饼，世上没有不犯错的政府和不付成本的成就。无数先烈、百姓，用血汗锻造出了人民共和国。七十年来，我们向富强没日没夜奔跑，渡激流、过险滩、熬饥饿、忍痛苦、历尽挫折，付出了极高代价。国在强、民在富，人民与国家共同进步。尽管家庙里不乏冤死鬼，但我们没靠侵略战争或欺负他族获取财富。看看那些在大江大海和崇山峻岭中建起来的宏伟基础设施，赞一句“厉害了我的国”，何错之有？世上没谁是“基建狂魔”。那是我们勒紧裤腰带，为子孙后代搭建的财富积累之桥，更是我族不屈不挠、独立自主的精神象征。我国而今的财富是因为搭了美国的“便车”？为什么不是美国搭了中国的“便车”？在精神上向“洋大人”跪下，并非“改革开放”的初心。

拒绝自贱、自残，文化自觉，是我们民族自立的精神支柱。

清末民初，不少士子把国家民族的不断挫败归罪于自家祖先，归罪于孔孟，归罪于秦汉以来的“专制文化”，遂鼓吹“全盘西化”、政治体制全盘西化。然而，新中国承上启下，树大根深，“古为今用，洋为中用”，不屈不挠，“苟日新，日日新”，仅七十年就创造出举世公认的奇迹。人口占世界四分之一的，饥饿、愚昧、落后、挨打的中国，高速进步，成了世界霸主唯一的“战略竞争对手”。这奇迹又该归功于什么文化？两千多年的生存方式孕育了丰富的中华传统。而今，咒骂祖先，幻想拔着自己头发离开脚下大地，飞向法兰西、德意志、英吉利、苏维埃、美利坚神话的“启蒙派”们，信众越来越稀少了。

以民为本、有容乃大，扶老携幼、守望相助，追求小康、向往大同，这种中国古典社会主义精神已传承了两千多年。资本和资本利润至上是资本主义，社会和社会利益至上是社会主义。中华信奉中庸，开创了以市场和资本为工具、以社会利益为依归的“中国特色社会主义”道路。社会利益就是养小、送老的均等化，让社会凝聚为一个大家庭，也就是医疗、教育、养老、住房的均等化。富足是我们共同的追求，互帮互助的社会主义大家庭是我们的精神依归。因为社会至上的精神，中华大家庭万世一系，迄今高寿两千多岁，独步全球。

“岂余身之惮殃兮，恐皇舆之败绩。”士子弘毅、文化自觉、社会主义，一旦这三种精神不再，就只好为我族的大溃败而哭泣了。

孟子曰：“入则无法家拂士，出则无敌国外患者，国恒亡。

然后知生于忧患而死于安乐也。”看到经济发展、社会平等、廉洁奉公这三大富强要素迄今尚难有机共生，我深深寄望于中华民族的先锋队。我党要站在民众的前面，办大事，引领全民迈向光明的未来；更要站在民众的身边，办小事，在每一个居民区维护社会正义，为家家户户排忧解难；还要站在民众的后面，时刻检讨小事与大事的平衡，时刻警惕失去人民的信任、时刻警惕失去民心。上下同心同德，逆转社会分裂趋势，让贫富尊卑团结如一家，我国当然举世无匹。

“雄关漫道真如铁，而今迈步从头越。从头越，苍山如海，残阳如血。”

**潘维**

2019 年 1 月 14 日

# 目录

Contents

# 一、高贵的精神

# 忆先师陈翰笙*

将近四分之一个世纪以前，1982 年春末，我 21 岁，考上北大国际政治系的硕士生。管教务的老师通知我：派给你的导师是本系外聘的教授陈翰笙。

“谁是陈翰笙？是写戏的阳翰笙吧？”那老师说肯定不是，可也说不清陈翰笙是干什么的。只告我，听说陈翰笙曾与李大钊和蔡元培共过事，85 岁了，脾气倔，要学生去他家面试，面试后才决定收不收。天哪，85 岁的人当老师，还是李大钊和蔡元培的同事？

我首次见到陈翰笙是在他东华门附近的家。他问我为什么要跟他念书？我说那是系里分配的。不过我很乐意来，因为他是蔡元培和李大钊的同事。我们北大七七级和七八级学生已经捐了

---

* 本文是 2004 年 4 月 13 日作者在太平洋学会“陈翰笙追思会”（地点：中国社会科学院报告厅）上的发言。

款，给这两位在校园立铜像。他问我为什么要念国际政治的研究生？我说，我忒想上研究生，本科学的就是这个，所以只能考这个。随即我就狡猾地转守为攻，“面试”他，“审查”这个无锡老头的“个人历史”。以后的很多年里，我为面试的“成功”纳闷。他喜我“勤学好问”？换了我，大概会立即撵走这不知天高地厚的娃娃。后来经历丰富了，我才知道，那是“缘分”，缘起不灭。

开学了，正式去陈翰笙家上课，他已迁居复兴门外 24 号楼——那时俗称“部长楼”，今天称为“高层板楼”。那“部长楼”并排有两栋，像堵大灰墙立在长安街边，却是 80 年代起始时京城著名的所在，今天称为“高尚社区”的那种。他要我每次来之前打电话预约，电话号码是“邀尔乐临”（1260）。我记数字的本领在那时就臭名昭著，今天更成为学生们的笑话。亏翰老想出这种怪词，这号码我至今还牢牢记得。从此，陈翰笙成为我的启蒙恩师。两年里，我每周去他“106 室”的家中上一次课。每次两小时，单兵教练。

自 1984 年夏毕业，至恩师过世，时间飞过了 20 年。不过 20 年，却天翻地覆，世事全非。当年追随恩师习学国际政治，中国的死敌是苏联。苏联诞生前，恩师就去美国留学。苏联没了，恩师还活着。他的生命跨越了三个世纪！

“106 室”的主人于 2004 年 3 月 13 日仙逝，享高寿 107 岁有余。20 年后去他家吊唁，我所熟悉的“106 室”全然与 20 年前一模一样，从未“装修”过，一件新家具没有，均为旧物，连书桌摆放的位置都没变。当年，他坐桌这边，我坐桌那边，学英文，谈历史，一杯清茶，漫议国事，打赌开心。正是“昔人已乘黄鹤去，此地空余黄鹤楼”。“106 室”低声回荡着先师喜欢的丝竹曲。先师去也，师情犹浓，遗像如生，教诲不敢忘。睹旧物，思故人，满心的惆怅，更有满怀的感动。

兹忆当年师生事，纪念翰老，为自己余生鉴，亦为那精神薪火相传。

## 一

每周去“部长楼”上课，常有意外的惊喜，能见到原只在电影里见过的“高干”名人。因为是固定时间，便能在地铁站见到“文革”时的农民副总理陈永贵。他那时好像固定每周半天，乘地铁去四季青公社上班，而且还戴着那顶标志性的草帽，不过不再有政治含义，只为避免让公众认出来。还能见到的其他名人也不少，比如刘少奇的夫人王光美。

先师无子女，夫人在“文革”时去世，起居由其九妹照看。先师父母生九子，仅存首末两子女，长子先师，另一即九妹。先生的小妹慈眉善目，迄今健在，高寿 91 岁了。每次去上课，到家落座，她便端来一杯清茶。谈历史时，她有时取椅坐于先生身旁，偶尔取笑先生眼疾，拍着他的手，说他瞎眼不辨人。她给师生关系带来一份轻松，带来了家一般的气氛和爱意。到了 80 年代中，她年事已高，自己都需人照顾了，返沪养老。她女儿童大夫一家照看先生，直至为先生送终。

与现时不同，陈翰笙对指导研究生是非常认真的。师生就是师生，每周必定要上课的，唯“课堂气氛”轻松愉快。而今许多文科研究生隔周上课，还忙着为导师写书，学生写书给学生念。陈翰笙上课按部就班，1 小时教授英文（中译英），1 小时谈历史、社会、时政和硕士论文。先生有高朋来访，亦不得逃课，命我移座去听他们的高论。

先生指导论文非常有办法，是紧逼盯人式。

第二次去他家，就把我的论文方向定下来了。他问：“你研究外国政治研究哪里?”我说研究第三世界。他说：“研究拉美你不懂西班牙文。研究非洲你不懂祖鲁语或者斯瓦西里语，也不懂法文。研究中东你不懂阿拉伯文。所以你只能研究亚洲。研究亚洲的南亚，取得资料太难，研究的人也不少了。研究东北亚你不懂朝鲜文，不懂蒙古文。所以只剩下东南亚了。新加坡最反共，与中国没有外交关系，没有资料。其他国家的语言你也不懂，只好研究当时与中国关系不错的菲律宾了，菲律宾的官话是英文。”我只好说：“菲律宾就菲律宾吧。”他说：“下个礼拜，你把北大图书馆和国家图书馆所有关于菲律宾的资料拉个清单，拿来给我看。”原来，研究方向可以这样定！后来我把此法略加改进，用于自己带的研究生，屡试不爽。

接下来的一个星期里，我疯狂地往返于北大和北海（当时国家图书馆还在北海旁边）之间。翰老极为重视“资料”，重视到近乎痴迷的地步。他八十多岁了还在主编《华工出国史料汇编》，以及《外国历史小丛书》。他还是外交部国际问题研究所图书馆的创始人，那是世界上几个顶尖的专业图书馆之一，至今使用陈翰笙独创的编目法。好在当时我国有关菲律宾的资料稀少，自麦哲伦登陆后的数百年也没多少中文著述，进口外文书就更少，抄录图书馆卡片就够了。到第三次见面，我拿着手抄的清单去见老师。翰老很满意，很高兴。后来开始教书，就懂得他为什么满意我了：我并不因他近乎失明而偷懒，比今天的多数研究生勤奋、听话。他问，资料大多是关于什么的？我说是关于历史的。他说那就对了，要我认真读菲律宾的历史，找个细点的研究领域，下周来告诉他。

我又废寝忘食地读了一个星期，摸清了菲律宾历史的大线索。菲律宾史大体是民族主义发展史，是民族形成史。到第四次见面，论文题目就定下来了，研究菲律宾民族主义的发展历程。这篇论文说明，帝国主义导致殖民地，殖民地导致民族形成，民族形成导致民族主义，民族主义导致独立，宗主国让殖民地独立时留下民主制，民主制在新帝国主义面前的脆弱导致民族主义的专制，专制的堕落导致民族主义的民主化浪潮。我完成这篇幼稚的论文只用了两年，是当时北大文科唯一提前一年毕业的研究生，还是经“校务委员会”讨论同意的。当时的理工科有否此例，我不知道。为了追求做硕士论文的效率，我“逃”了不少北大的课。回想起来，逃课很“值”。后来在北大执教，我从不点名，学生爱来不来，可迟到，亦可早退。翰老曾告诉我，上课“自由来去”是老北大的自由传统之重。

翰老居然为研究生写论文收集资料。从第三次见面起，翰老就开始剪报，让家人和秘书给他读报后把有关菲律宾的报道全剪下来，每周都会给我一些豆腐块剪报，两年下来，竟是一大堆。如此，我有了认真读报的习惯，读到重要的消息，就会想想这条消息说明了什么，能支持什么样的论点。对照今天，老师让研究生为自己写书，方知翰老为学生收集资料之不同。老师的心血，当时看似平常。自己做了老师后，方知那是极为不易的。自己做了父母，才知父母对子女的一片心。比起本科时代，硕士论文让我的学术本领“上了一个台阶”，成为我学术生涯的起点。我把那篇论文译成英文，寄给加州大学伯克利分校政治系，改变了他们因没有 GRE 成绩而不录取我的决定，挣来了当那个系博士生的资格。菲律宾是亚洲唯一的“拉美国家”，与拉美情况非常相似。这项研究使我后来很容易理解拉美学者发明的“依附论”，决定了我以“比较政治学”为生，也奠定了我在右派时代对左派的同情。有时我甚至自嘲：如果那时知道科学在于精致地证明出色的因果关系，“依附论”的发明权可能就归我们爷儿俩了。

翰老还教我写文章。要点大多忘记了，但有一条是一辈子不会忘的，就是通俗易懂，写短句，不用生涩的词。他告诉我：没学问的人，才用怪词。凡使用老百姓不懂的词，要么是想吓唬读者，要么就是没读懂外文原文。因为他当时没讲出什么道理来，我一直不服气。有一次，我提到“社会结构”，他马上严厉地质问：什么叫“社会结构”？我当时并不知“系统论”的道理，只是人云亦云而已，一下子把我问倒了。我就说：结构就是 structure。他更恶狠狠地问：什么是 structure，我不懂英文！我解释不出来，憋了半天，才脸红脖子粗地争辩说：我指的是“阶级力量对比”。他嘲笑我：那你就直说“阶级力量对比”就好了，干吗要用什么“社会结构”啊？还 structure 呢！我还是不服气，认为他强词夺理，但这件“强词夺理”的事给我印象太深了。多年以后，我在美国写博士论文，导师认为我的英文句子太长，让我去读韩丁写的《翻身》，说那是最好的英文。老师解释说，社会科学作品与自然科学不同，是要给大众读的。大众读得懂的文章，才是好文章。大众读着明白顺畅的文章，是最好的文章。老师告诉我：博士论文，应当让你没念过政治学的老妈也能流利地阅读。我这才恍然大悟，沃尔兹的《国际政治理论》没有一个长句，没用一个“大词”，所以是文笔最好的书。该书的中文版，是学生翻译的。学生没能领会其语言的通俗，自以为是地翻译成很“学术”很“洋气”的味道。社科论文的“学术气”，其实就是“学生气”。翰老早就对我讲了这话，是学生愚钝，迟迟未能领会。

## 二

看上去，先师是无所不通的杂家，却是学历史出身。他要我认真读历史，什么历史都读，古今中外的政治史、经济史、社会史、思想史。非常幸运，老师的传奇经历本身就是部丰富的历史书。他的历史感如此之强，经历如此有趣，那时的我虽无法理解，却留下深刻印象。

翰老讲他当年在美国做学生，当过激进学生的代表。顾维钧去美国谈判，陈翰笙代表学生闯入会议室闹事，踢着顾维钧坐的椅子，警告他不许卖国。先师告我，顾虽西学出身，老婆却一大堆。我那时在读《顾维钧回忆录》，津津有味，正在做外交家的梦。翰老三言两语，把我对顾的向往和对外交的神秘感一扫而空。

与先师谈论两次世界大战之间的欧洲政治经济史。他写过关于巴黎和会的博士论文，不讲，却讲了他去德国的缘由。从芝加哥大学拿到硕士学位后，先师去哈佛学习，一年多以后就没钱继续了，于是带着仅余的一点钱同夫人顾淑型去了德国。战后的德国经济已经彻底崩溃，那点美国钱值了许多，够坐火车的豪华包厢，还够雇个德国佣人。我在美国也学两次世界大战之间的欧洲史，学到什么，全然忘记了。若干年后，苏联垮台，中国人那点可怜的工资却能在俄罗斯过上神仙日子。这就让我想起了翰老去德国的故事，对什么是“经济崩溃”理解得非常鲜活。当“民主派”们说，不管怎么样，俄罗斯到底是民主了。每到此，我就会想起翰老讲魏玛共和国的民主是怎么垮台的、蒋介石的统治是怎么垮台的。经济崩溃，不是民主的福音，是民粹主义和法西斯主义的温床。

当时北大有一美国来的华裔访问学生，请我帮忙查她爷爷的历史，说她父母从不谈论其在法国得到博士学位的爷爷，可她爷爷好像很出色，做过中国的大官。我查不到，就去问陈翰笙。翰老不仅知道，还与那人有过交往。那人做过“司法部长”，不过是汪伪政权的“司法部长”，病死于监狱，先是国民党管的监狱，后是共产党管的监狱。我当时在学日文，翰老提示我去查日本出的中国名人录。我果然在那里查到了该汉奸的生平。华裔女孩得知我的“研究结果”后，一脸的落寞，让我很不忍心。查那本名人录时，我顺便也查了陈翰笙，记载居然更详细。让我震惊的是，书里写道：根据日本的情报，1944 年蒋介石命令在昆明抓捕陈翰笙，昆明突然飞来架英国军用飞机，把陈翰笙接到印度去了。我就这件事问过翰老，他只告诉我，做地下工作的人，有些事是要带到棺材里去的。把共产党的地下工作与学术生涯完美地结合在一起，陈翰笙是中国第一人。在日本被处死的世纪著名间谍佐尔格，获得了“苏联英雄”称号，却是被翰老介绍去日本的。翰老在印度的研究工作卓有成效。他那时写的英文书，今天还在美国不少大学南亚课程的必读书单上。不仅如此，陈翰笙还是我国追随共产党闹革命的第一个洋博士。

翰老讲中国经济史，特别是农村经济史。他讲的英美烟草公司（BAT）历史特别有趣。该公司被中国本地官僚介绍给农民，先给中国农民发放优惠的小额贷款，让他们由粮食作物改种烟草，而收获的时候却以垄断性的低价收购烟叶。种过烟草的地不适合种庄稼了，农民命运只能由外国资本家左右。当烟草市场崩盘，农民还得向地主照交地租。由此，他在 30 年代初就得出结论：中国农民不仅受地主的盘剥，还受外国资本的压榨，也受本地官僚买办的压榨。除了造反，没有出路。这个项目是为共产国际和中国共产党做的情报研究。依赖贫苦农民闹革命，推翻“三座大山”路线，是这样被翰老提出，在学界传播开来，而且变成了中国共产党的政策。翰老是现代中国农村调查的创始人，在农村研究上的成绩闻名海内外。提到陈翰笙的中国农村研究，我在美国的博士导师也钦羡不已。这位今天哈佛大学政府系的教授、费正清研究中心的主任，当初也热情支持我继承陈翰笙的衣钵，继续研究中国农村问题。这便是我那本《农民与市场》的来源。陈翰笙研究20世纪中国农村的上半期，说明资本主义让中国小农破产和造反；我做20世纪的下半期，说明因为有25年的社会主义集体传统，所以市场经济没能让中国的小农破产和造反。在做陈翰笙的学生时，我就有个心愿，要做一点农村研究，要“青出于蓝”。“青出于蓝”的后半句，当然是由不得自己说的。

毕业数年后，我要去美国读博士，翰老为我写推荐信。到了那里，才知道，他在美国的名气比在中国大，他的推荐信是关键性的。又过了好多年，我才懂得，有这样一位出色的学者领着入学术之门，是多么幸运。可惜当时年幼无知，修课时偶得的先生遗墨，均已荡然无存。

## 三

如所有其他人，我称老师为“翰老”。今人可能会觉得学生这样称呼老师有点怪，却颇有道理。1996年，翰老99岁，政府在人民大会堂为他庆百岁华诞，我国社科界左中右派的名人几乎到齐了。其间，季羡林先生自述成为“翰老学生”的经历，让我暗中吃惊。在北大教书，对季先生高山仰止，既为翰老门徒，岂非季先生“师弟”？新中国成立后，中国著名经济学家中有一声名显赫的“无锡帮”，均是得翰老师惠的弟子。各代弟子都尊称“翰老”，就不会有辈分上的尴尬。先师“文革”中赋闲在家，义务教授英文，业余弟子在美国能编一个营。

“翰老”是我们大家的，因为他学问好，正直，率真。

先师是学问家，也是政治和社会活动家。他一辈子讲原则，对自己心中的原则不妥协。他因为在莫斯科工作的经历，不愿与苏联人共事。归国后，他拒绝做外交部副部长，也拒绝当北大副校长，号称“不会用刀叉，只会使筷子”。他疾恶如仇，直言直语，新中国成立后不知得罪了多少人，自然也是仕途从不长进。我去读书时，常为他对时政的严厉评论所震惊。我曾说：“你这么讲话，不怕进监狱？”他说：“为什么怕进监狱？”我说：“那你若准备进共产党的监狱，当初还入共产党干什么？”他说：“你怎么连这个都不知道啊？为了打倒军阀啊，打倒旧军阀、新军阀。”

先师是大学问家，却一点架子都没有，我在他家读书，丝毫不感到压力。唯一有压力的是，课业结束离去时，他必定起身送至电梯口，作揖而别，让我觉得不敢消受。后来方知道，他是无论老幼亲疏、地位高低，尽皆如此。

老师平易，学生也就张狂。今日想来，依然趣味盎然。有一天，谈到苏联发动世界战争的危险——那个时候的大课题，他预测五年里世界大战必然爆发。理由是，苏美两国疯狂地生产和储存了那么多武器，不打仗，两国的军工联合体有什么道理生存？

我和他起劲儿地争论，也说不服他。心生一计，就要求打赌。他居然同意了，问我赌什么。我说：五年后的这一天，如果世界大战没打起来，他那个月的工资归我；打起来了，我那个月的工资归他。他想了想，说他太亏了，不平等。那时候他的工资将近400元，我是40元，工作五年大概也就七八十元。他自己提了个赌注：输了就把手边那件大衣给我。不到半分钟，他又变了，声称那大衣是与斯诺穿错了的，不能给我。历史博物馆要，他不给，怕给弄丢了。我对此解释一声不吭。直到他自己不好意思了，改了说法：若五年后的这一天，世界大战打不起来，他要拿根杆子把这旧衣服杵出窗外，就当作挂了投降旗。他不提我输了怎么办，就是认输，承认世界大战打不起来。

1998年，北大百年校庆。笔者带着学生去看他。当时有电视台记者在场，请他说几句祝福北大的话。当时先师已过百岁，两眼完全看不见了，精力也很不济，谈话很难持续两分钟以上。但在那天，他好像头脑异常清楚，掰着手指头说："我给北大老师讲三句话：第一，要好好帮助年轻学生；第二，不要当官；第三，要多写书。"电视台记者坚持要他给北大说句祝福的话。老先生居然出口成章："祝北大今后办得像老北大一样好"，狠幽了北大一默。记者和家人都不干了，就教他说：你说"祝北大今后越办越好"。老先生连说三遍，次次都与原先说的一样，不肯照别人吩咐的说。他认定北大今不如昔，绝不改口。他自己眼镜都要旁人帮他戴，脑子也不走了，可就这些话，他一直放在心里，直到生命的尽头。这就是陈翰笙！"老兵不死，只会逐渐凋零。"

先师几乎与北大同龄。北大百岁，先师亦百岁。陈翰笙20多岁回国之际，蔡元培校长聘他为北大正教授，是为当年北大最年轻的教授。而先生过世时，已是北大最年长的教授。生命跨越三个世纪，真神人也。

先师活了107岁有余。40年代与宋庆龄办“工合”，过手的钱千千万万，大部暗中偷运延安，自己却一生廉洁简朴。他从无额外收入，存款多用于补贴出书。离去时，竟仅余不到六万元存款。大概是举丧之资不累旁人吧。先师书面遗嘱：身后不开追悼会，不举行遗体告别，并随其早逝之爱妻，骨灰撒入富春江。正所谓“来去赤条条无牵挂”。

北京大学图书馆专辟一室，建“陈翰笙纪念研究中心”，由北大副校长、党委副书记吴志攀同志亲任主任。先师工作之厅堂已原样搬入这里。翰老的亲友学生们，可在此重温那些温馨的往日。

先师为中华民族的进步事业奋斗了漫长的一生。其辉煌业绩并非其晚年一弟子所能记录。但我深知，陈翰笙属于学生，他热爱学生，百岁之后甚至还“哀求”北大校方送学生给他。在他那已凝固的大脑里，最后的一缕余光是青年，是学生。我们在北大图书馆219室开设“陈翰笙纪念研究中心”，那里每天都有数以千计的学生经过。希望他们在中心门前的铜牌前停一停脚，像我当年那样，问一声“谁是陈翰笙?”进来在他的书桌前坐一坐吧，那里有翰老的铜像和遗墨与北大学子们同在。

# 高贵的精神*

2004年3月，笔者与几位朋友一同去武汉参加关于农村问题的研讨会。91岁的张培刚先生同我等开了一上午会，还共进了极精美的午餐。见到先生依然精神矍铄，颇欣慰，亦颇多感慨。

张老先生是1913年生人，1934年6月毕业于武汉大学经济系，旋即进入中央研究院的社会科学研究所，从事农业经济的调查研究工作。20多岁的张先生才华横溢，成绩斐然。数年之内，先生在商务印书馆出版了3本著作。1941年秋，先生考上最后一批庚款留学生，赴哈佛大学经济系深造。以其国内研究的深厚功底，先生于1945年12月即获博士学位。先生的博士论文《农业与工业化》被评为当年哈佛经济系最佳论文，交由哈佛大学出

---

* 本文原载《读书》2004年第11期。

版社出版，是为“发展经济学”最早的作品之一，后来更被译成多种文字。1946 年 2 月，先生应国民政府之聘，在纽约为国工作。同年秋，周鲠生校长聘先生返国担任母校经济系教授兼系主任。1948 年元月，先生受聘去联合国亚洲及远东经济委员会工作。一年后的 1949 年 2 月，难以割舍为母国学子之师的情怀，36 岁的张先生又辞职回母校任教，并为即将诞生的新中国服务。他没料到，满怀育人之志的自己将几十年无缘于学术和讲台。

1952 年教育部在全国实行“院系合并”改革。武大工学院被撤销，以其为核心组建华中工学院。在计划经济的时代，张先生关于市场经济的学问被认为无用，为能“人尽其用”，武大校方委派先生负责华中工学院的基建工作。从此，研究经济学的张先生便留在了工学院。10 年基建和总务工作，10 年政治课和政治运动，再有 10 年“文革”。到了改革开放的时代，35 岁的张先生已是 65 岁。65 岁的张先生在“工学院”能做什么呢？转眼又是 15 年。直到 90 年代末，“华中工学院”变成了“华中科技大学”，这才有了经济系。到 1998 年，这经济管理学院拼到了教育部的“博士点”资格，先生在 85 岁高龄当上了“博导”，成了学校的“活广告”。50 年蹉跎岁月，一颗智慧的大脑就这样被磨灭了。

午餐中，张培刚先生提到上司兼前辈学长的陈翰笙，感慨不已。张先生大学毕业后的第一份工作是在中研院社科所，中研院社科所的创始人是生于 1897 年的无锡人陈翰笙先生。陈先生 20 世纪初去美国学农学，却因为色盲，阴差阳错学了历史。他

1920年得到学士学位，1921年在芝加哥大学获硕士学位，1921—1922年在哈佛学习，可算是张培刚先生的前辈校友。因为没钱继续念，陈先生从美国去了战后经济已经破了产的德国。两年后的1924年，陈先生在柏林大学得到博士学位，旋即被蔡元培先生聘为北大教授，并由李大钊先生介绍，加入了共产国际。不久，蔡先生创办中研院，请陈先生负责社科所，开创了社科所的农村调查工作。当时的农村调查，以马克思主义思想指导，培养了我国一批有社会主义信念的重要经济学家，如薛暮桥、孙冶方。张培刚先生入所一年后的1935年，陈先生从上海秘密去莫斯科，担任东方劳动大学研究员。陈先生不仅在历史、经济等领域的学术成就享誉国内外，还是共产党的社会活动家，为中国人民的解放事业做出了重要的，却是无声息的贡献。

陈翰笙先生今年高寿107岁。笔者80年代上半期有幸忝列其门下，修习国际政治专业的硕士学位。做学生的，当时深感迷惘：新中国成立之际先生正年富力强，以先生丰富的学识和经验，50年里，既然未担当重要的官方职位，何以再未有重要的知识贡献？后来才知道，业师为西学训练出身，又是强烈的民族主义者，观念与早年的“一边倒”（向苏联）政策不尽相容，加上性情刚直不阿，士、仕两途均无发展。与张培刚先生相同，陈翰笙先生亦是极好为人师的。“文革”至改革，先生闲散在家，义务教授英文，“业余弟子”桃李满天下。“文革”后先生在家授业，硕士生单兵教练，每周一课，两小时，内容包括英文、历史和论文写作。其时，先生最不忘提醒的是：（1）帝国主义一定会欺负弱小民族，而且亡我之心不死，战争不可避免，要早做准备。（2）不要忘记我国的农民，不懂得农民，就不懂得中国。这后一条正是张培刚先生在讨论会上的发言主题。陈先生的生日是正月初四。2004年春节，先生107岁生日时，温家宝总理前往医院探望，号召学界认真学习和总结其学术贡献。在这迟来的官方承认之际，先生连亲朋也认不出了。

在午餐中，张培刚先生还提到了他的哈佛学弟兼好友、2003年春天逝世的浦山先生。笔者80年代中期硕士生毕业，去了中国社会科学院世界经济与政治研究所工作。其时浦山刚调任该所所长，故笔者曾为其部曲。浦山在著名的"浦家三兄弟"中行三，亦为哈佛经济系的毕业生，比张培刚先生晚去哈佛两年，1948年得到博士学位。浦山在计量经济学上颇有造诣，当年在美国也是声名鼎盛。与张先生不同，浦山一生信奉共产主义，相信社会主义救中国。他在哈佛师从熊彼特，做学生时就已经是共产党人。这位社会主义信徒深受政府器重，归国后即任周恩来总理的外事秘书，参加了板门店谈判和万隆会议。好景不长，1957年浦山被打成"右派"，自此蹉跎至"文革"，又至改革开放。当他任职世界经济与政治研究所所长时，已经疾病缠身，行路艰难了。

先生名声在外。早年许多外国人向中国政府打听浦山的下落，官方均受命回答："他已经飞机失事摔死了。"在美国，不少在早年了解浦山智慧的人为之扼腕，声言浦山当年若不归国，获得诺贝尔经济学奖乃是必然。在若干国际交锋场合，笔者曾见到先生风采，那绝非常人智慧可比，亦令西洋人叹服。自归国到逝世的半个世纪里，浦山并无著名的学术成就。后来虽官至所长，仕途上亦无大成，不过数年就退休了，退休十多年后就离开了尘世。浦山之成为“右派”大约是共和国最荒唐的冤案之一。改革之后，浦山之“左”为圈内人所共知。

浦山先生于笔者既是上司，亦是恩师。笔者第一次坐飞机，第一次出国，以至后来去美国深造，皆因先生提携。1986 年，浦山先生带团出访东盟五国，笔者担任随团秘书兼翻译。归国途中，感于新加坡的经济和社会成就，笔者在飞机上不禁对身旁的先生道：“资本主义也很好啊”。先生突然变得严厉：“难道我们这代人为社会主义奋斗是白费功夫?”与先生谈到周恩来，笔者有欠恭敬之语，立即引起先生的愤怒：“你小孩子家对周总理知道多少?”周恩来为共和国无私地操劳一生，是浦山生活的楷模。周恩来并无子嗣，浦山也没有，陈翰笙也没有。改革后，浦山应邀两度赴美国讲学，薪酬甚厚，却把省下的钱全部上交国家。前一次是 1982 年，后一次是 1996 年。在所长任上，浦山夫妇与另一家人合住一套两居室，声言要与所里的同事共甘苦，直到退休才换成小三室住房。1998 年，笔者带一班北大即将出国深造的研究生去浦山家“上课”。看到“副部级”干部家徒四壁的景况，学生们无不震惊。可是，虽然陈设简单，那家里却极雅致、极整洁，透出严格西学训练和上海银行家子弟的品位。去年，参加那次“课”的学生之一在哈佛获得了博士学位，归国效命。如浦山以周恩来为人生楷模，那学生以浦山为人生楷模，出国前一天去探望浦山，答辩后的第二天就飞回了北京，却无缘再见到他。

20 世纪初的哈佛，20 世纪中的哈佛，20 世纪末的哈佛，都有我国最出色的人去学习，回国效力。然而，等待着他们的“命运”呢？从陈翰笙、张培刚到浦山，多少海外学子怀着一腔报国之志归国服务，却在政治运动和人事纷争中蹉跎了个人前程。他们可曾后悔？

笔者曾询问陈翰笙：“当年为何要去美国学习？”他的回答很简单：“偶然吃到外国桔子，很好吃，想让我们中国老百姓都能吃上洋品种的桔子。”我又问他：“既然对共产党的政策有那么多批评，为什么还要加入共产党？”他的回答还是很简单：“为了打倒军阀，让中国不再受欺负。”1989 年 6 月下旬，笔者也询问浦山：“您对回国后悔吗？”浦山反问道：“你认为我会后悔吗？”他随即给我讲了个故事。美国经济学的右派泰斗弗里德曼是浦山在哈佛的老友，80 年代来中国开学术讨论会，点名要浦山去，欲为他们当年的激烈争辩分个胜负，做个了结。会上，浦山自豪地对弗里德曼说：“快半个世纪了，你的知识一点都没进步，中国的今天难道不是已经证明了社会主义的成功，证明了你是错的吗？”我想，当身上覆盖着中共党旗安然离去时，浦山是无怨无悔的，他把自己的一生都贡献给了建设强大社会主义祖国的事业。那是个高贵的共产党员。在华中科技大学与张培刚先生共进午餐时，笔者向张先生提出了同样的问题：“您对回国这半个世纪后悔吗？”他的回答是：“怎么会呢？子不嫌母丑啊！”他还说：“个人命运的沉浮是难以驾驭的，是社会历史规律导致的。”张先生为当时在座的晚辈们口述一联，曰：“认真，但不能太认真，应适时而止；看透，岂可以全看透，须有所作为。”横批是“看待人生”。

木秀于林，风必摧之；堆出于岸，流必湍之。陈翰笙、张培刚、浦山，三位哈佛学子的才干被其兄弟们倾轧攀爬的雕虫小技淹没了，无力对抗中国社会的规律。但是，他们在祖国的一生，本身就是大学问、大贡献。老兵不死，只会逐渐凋零，但他们的高贵精神薪火相传。于是有了代代海外学子，不顾个人的待遇前程，归国效命，不绝于途。那是什么精神？是孝道，是认国家民族为母，子不嫌母丑，回来尽孝心的大道。兄弟阋墙，立场观念不同，生存方式不同，但孝心相通。当学子们谨守“父母在，不远游”的古训，中华就成为世界最大之国，其文明博采众家，而且万世一系，绵延不绝。

（2004 年 3 月 11 日）

又记，

笔者写完这小文后的第三日——3 月 13 日，业师陈翰笙先生去世了。先师有书面遗嘱：身后不开追悼会，不举行遗体告别，骨灰撒入富春江。他的家全然与我 20 年前在那里读书时一模一样，从未“装修”过，一件新家具没有，连书桌摆放的位置都没变。“昔人已乘黄鹤去，此地空余黄鹤楼。”先师去也，师情犹浓，遗像如生，教诲不敢忘。睹旧物，思故人，满心的惆怅，更有满怀的感动。

# 科学工作者的祖国*

面对这么多自然科学领域的青年精英，我不知道讲的话会不会对大家有益，感到非常惶恐。可我并不因此怯场，因为我不过想讲出内心的一个感受，题目是：“科学工作者的祖国”。

没有什么“美国特色”或者“中国特色”的科学知识。科学没有国界，科学知识是人类共享的。在今天，科学家经常跨国工作，成为当前人类社会里最国际化的一个群体，是全球化的先锋队。如此，科学工作者的祖国认同似乎应当逐渐淡化。然而，大家熟悉一句老话：“科学无国界，科学家有祖国。”那么，今天的科学工作者还需要祖国吗？

---

* 本文是 2005 年 2 月 26 日作者在中国科学院研究生院工程硕士开学典礼上的演讲。

## 一、科学工作者的国家认同

科学工作者需要祖国认同吗？这要看你是哪个国家的科学工作者。在我们这个西方人占主导地位的时代，只要是生为中国人的科学工作者，即使自己主动想忘掉祖国，也很不容易。

我在美国读书时有个中国大陆去的同屋，他读材料学博士，是教育部最早的公派留学生之一，是尖子里的尖子。然而，在共和国前 30 年，他的家庭生活非常艰难，是那时少见的城市贫民。他父亲靠拉板车养活妻子和六个孩子，孩子里只有他一个念了大学。他赴美不久，就信了基督教，而且很快开始激烈批评自己的祖国，批评那管理不善而且不信上帝的祖国。他的博士论文研究陶瓷材料，那是最尖端的材料，可他毕业后却长期找不到工作。尖端陶瓷材料的研究，用我们的话说是“保密行业”，不容外国人插足。尽管他不喜欢祖国，却也无法通过美国政府的“安全检查”（security clearance）。后来，他给一家小公司做实验员，挣的是在大学里当助教的工资，每小时不到十块钱。再后来，他放弃了自己心爱的专业，转行去做芯片工厂的质量检查员，工资才随着 IT 业水涨船高。那是种普通而平静的美国生活，他却永远不会成为陶瓷材料专家了。

作为美国名牌大学的材料学博士，他若回祖国研究陶瓷材料，没有 security clearance 的问题，他可以成为我国最出色的陶瓷材料专家。

不是大陆人的华人又如何呢？40年前的1964年，年轻的李文和先生离开了当时令人失望的台湾，去美国读博士学位。他很出色，毕业后在美国找到了工作，成为核专家，在美国能源部所属的洛斯阿拉莫斯国家实验室工作，而且成了那里受拥戴的精英科学家之一。那是美国最高级的实验室了。李先生认同美国，热爱这个给了他机会和富足的新祖国。在这个新的祖国，他踢足球，喜欢野外活动，还是个好丈夫、好父亲。他还经常参加学术交流活动，甚至在美国政府的支持下，来中国做基础科学的学术报告，进行学术交流。他是美国人，但毕竟也是中国人。希望在自己母国的文化圈里获得认同和尊敬，是人之常情。他的每次北京之行，还都和美国情报机构配合，肩负了解中国核专家和核研究进展的任务，每次返回美国都向情报机构汇报。还有报道说，他的夫人早就是美国情报机构的合作者。

然而，到了20世纪90年代后期，因为中国的快速崛起，美国右派掀起了反华浪潮，其中主要的指责之一是中国窃取了美国核武器的技术。美国情报机构断定，中国显然已经把核弹头微型化，而中国人不可能发明这种技术，除非是从美国偷。可他们找不到中国偷窃技术的根据。于是，华裔核科学家李文和先生就成了美国情报机构邀功请赏的替罪羊。李先生并不研究武器设计。就武器设计而言，他是个外行。在1999年底，他因为莫须有的罪名被捕了，而且立即被开除出了他工作了20多年的实验室，还丧失了退休金。美国联邦调查局威胁说，如果他不“承认”为中国做间谍，就要像处死罗森伯格一样用电椅处死他（罗森伯格夫妇 1951 年因向苏联提供美国核技术机密而被捕，1953 年被双双处死）。李文和被关押在一个单独的牢房，牢房没有窗户，灯是永远开着的，夜里也不会熄灭。他在牢里还要戴上手铐和脚镣，还经常挨饿。李文和自己感到，政府知道他不是间谍，也无法接触敏感信息，所以想逼他自杀，把案子坐实。他因此早就提前声明，自己绝不会自杀。新世纪更替的 2000 年元旦，他是独自一人在囚室度过的。在被关押了九个多月之后，他终于被迫承认一些轻微的过错，说明美国政府抓他有理，这样才换取了出狱。他的“过错”是什么？就是把一些数据下载到个人计算机里。那些数据是公共信息，丝毫没有敏感性，不过代表一个程序员的正常工作，实验室里人人都这么做。现在，李先生依然认同美国，在个人网站上发起了签名运动，期待美国总统向他道歉，期望美国政府向他道歉，从而能赔偿他失去工作的损失。然而，在他新出版的自传里，他却这样写道：

> 在被囚禁的无比孤寂的日子里，我经常想，我也许犯下了人生中最大的错误，不该在 1964 年到美国攻读博士学位，使自己沦落到了今天的局面。狱中面壁，我不得不得出一个惨痛的结论：无论多么睿智，无论如何勤奋工作，像我一样的亚裔，像我一样的华裔，永远不会被美国社会所接受，永远是“外国人”。

是的，对美国而言，你李文和虽然是美国公民，却是中国人。对中国呢，李文和是美国人。科学无国界，如果华裔科学家没有祖国，他就痛苦如李文和先生，除非他不想成功，不想成为科学家。

## 二、在悲剧的祖国

大家可能会认同“科学无国界，但科学家有祖国”这种说法。我想进一步说，在悲剧的祖国，成功的科学工作者也是悲剧。

大前天（2 月 23 日），《参考消息》用一整版转载了美国《时代》周刊的一篇文章。文章抨击巴基斯坦的“核弹之父”卡迪尔汗。卡迪尔汗生于 1936 年。他 11 岁时，印度独立了，祖国却被英国分裂成了两个国家：印度和巴基斯坦。作为穆斯林的卡迪尔汗迁至巴基斯坦，但他的家乡是印度的博帕尔。博帕尔是印度中央邦的首府。顺便提到，20 年前的 1984 年，博帕尔市发生过一起著名惨案。那里的一家美国工厂泄漏了 40 吨剧毒气体，导致 3 150 人立即死亡，5 万人失明，8 万人终身残疾，150 万人受影响接受治疗，占博帕尔市总人口的一半。1953 年，卡迪尔汗 17 岁，去巴基斯坦首都卡拉奇[①]的 D. J. 理工学院学习，不久又去欧洲学电气工程和冶金。他获得博士学位后在荷兰工作，从事原子学研究。1976 年，当印度开始了原子弹项目，40 岁的卡迪尔汗回国了，带着他的核能知识。在他的领导下，巴基斯坦努力了 20 多年，也拥有了原子弹。1998 年，巴基斯坦在印度之后

---

① 1947—1959 年卡拉奇曾为巴基斯坦首都。

进行了6次公开的地下核试验，卡迪尔汗从此成为巴基斯坦的“核弹之父”，成为祖国教科书课文里的英雄，两次被授予国家最高勋章。而且，巴基斯坦全国各地的卡车、公共汽车背面都印上了他的肖像，他是全国知名度最高的人，比总统的知名度还高。巴基斯坦人口与俄罗斯相当，是美国的一半，是英、法任何一个国家人口的两倍。但美国、俄罗斯、中国、印度可以有核武器，英国、法国甚至以色列可以有核武器，巴基斯坦却遭到了美国等西方国家的制裁。卡迪尔汗大概相信，原子弹能减轻伊斯兰世界受到的压迫和屈辱，所以试图向其他伊斯兰国家出售一些核技术设备。他显然没有成功，美国中央情报局早就盯上他了，在他的寓所、工厂和房间里都安插了间谍，甚至收买了他最亲密的助手。这就是“巴基斯坦国”。很幸运，中国不是这样的。现在卡迪尔汗已被自己国家的政府逮捕了，而且受美国情报人员的讯问。在压力下，他不得不招供一切真相，或者编造一切美国所需要的谎言，使美国得以要挟其他国家，比如伊朗。

是的，在悲剧的祖国，成功的科学家也是悲剧。

## 三、在成功的祖国

1996年，在中关村的西北方向，矗立起了一座航天城。那里有北京航天飞行控制中心，是仅次于美国休斯敦宇航中心、俄罗斯宇航中心的世界第三大航天飞行控制中心。三年前，我在网络上读到了一点北京航天城里的故事，很感动。1999年11月20

日，中国的第一艘航天试验飞船神舟一号从酒泉发射中心升空，飞船的一举一动都由北京中心遥控，从点火升空到返回着陆，成千上万条调度命令要从这里发出。任总调度的是一个北航毕业生，名字叫申劲松，当时只有26岁。神舟一号升空之日是他的26岁生日。第二天飞船返回时，他发现状态有些不对，可他只有20秒钟的时间做决定，而且决定的后果是巨大的。他做了决定，而且做对了。返回舱落地之时，申劲松没了感觉，就是腿软，汗从握紧的拳头中流下来。到2002年神舟三号发射升空，这个1973年出生的29岁大男孩已经连任三届总调度了。他的工资只有1 300元。事实上，整个控制中心的科研人员都是这样的一些青年人，全部是我国自己培养的。到神舟三号升空，他们的平均年龄还不到30岁。与高能物理及原子弹不同，中国的载人航天没有胸有成竹、满腹经纶的专家领军撑腰，就靠刚从学校出来的这些年轻的本科生和硕士生。

现在已经成为飞船轨道专家的曹雪勇是1995年北师大天文系的硕士毕业生，一进来就做轨道设计软件。可飞船还在制造中，飞船数据还不明确。他对整个任务系统一无所知，而且没有任何参考方案，没有一个可用的程序、文档。他拼命了，日以继夜阅读国外资料，希望能发现一点漏网的蛛丝马迹，而且他用天文学知识来启发自己的思路。他几乎没离开过机房，怕思路中断就难以续上，每天靠方便面填肚子。经过半年没日没夜的工作，他成功了。

北京航天飞行控制中心这样的例子并不少。控制软件专家欧余军是1995年从长沙国防科技大学毕业的，1998年开始负责遥控保障软件的编写。那是个决定飞船能否安全返回的关键性软件，包括对飞船发送的所有指令、指令链和注入数据。没有任何现成的资料可借鉴，要从零开始。中国飞船能否回得来，就全看这25岁的小伙子了。整整两年零八个月，没白没黑，他把软件做了出来。结果发现有问题，近三年的劳动成果全被推翻。他伤心得一个人躲在机房里放声大哭。中心的领导人认为哀兵必胜，坚持不换人。只剩下几个月了，欧余军成了机房里的拼命三郎，不管什么时候，人们走进机房都见他端坐在那里冥思苦想，像个活菩萨。任务完成了，他的身体也垮了，得了肾积水，经常疼得满头流汗。这时，中国第一次飞船发射开始，一切全新，谁也不是内行，有许多软件只有他一个人会发指令。医生和护士把他从医院抬到指挥大厅，他边输液边打键盘，在担架上坚持了几天几夜，飞船返回后才被抬回去做手术。

我为什么要讲他们，因为北京航天飞行控制中心就在中关村科技园区旁边，他们的同学、朋友在那里每个月挣万元以上。可在航天飞行控制中心，申劲松一千多元的工资还意味着日以继夜的辛劳，甚至一个月才能和在城里工作的妻子见一面。申劲松是这样说的：

> 如果单从挣钱的角度，很多事情都干不成了。外面的诱惑确实很大，但我既然干了这个，就要认认真真地干。这个机遇不是每个人都能遇上。对一个人来说，一辈子能赶上一次就非常难得了。

在这篇网络文章之后，有个跟帖，也很有意思。跟帖的作者回忆说：

> 1992年毕业前，酒泉来人，希望我们这些学控制的人去那里工作，并且明确说是为了宇宙飞船工作。可我们当时想的都是出国、考研，对此漠不关心。在动员大会上，许多人插科打诨，胡言乱语，嘲弄带队的军官。学校也没起正面作用，只是应付了事，找了几个拿不到学位的差生和来自边疆地区的学生糊弄军队。十年了，我们这些人出了国，成了所谓洋博士、土博士，可老实说，都是“行尸走肉”，所学所用都在为外国人牟利，而且我们的所谓“成果”在他们面前是如此的浅薄、渺小、微末。是那些当年被我们嘲弄和不理解的同学们真正在为祖国奉献着，我真不知道将来见面时如何面对他们。我们是逃兵。

为中国宇宙飞船事业献身的这群年轻人“成功”吗？也许成功，也许不成功。也许有些将来成功，有些连将来也不算成功。我想起了我国“两弹一星”的元勋之一任新民院士。他生于1915年，是安徽人。他在美国读了机械工程学博士，然后去一所美国大学当讲师。如果没有新中国的建立，他也许就这样生活下去了，过一种平静的美国生活。1949年，像那个时期的许多留美学生一样，34岁的任新民先生也赶回来建设新中国，为祖国出力。他很快就成为我国远程导弹的材料专家，负责设计制造了“长征一号”，就是发射了我国第一颗卫星的那枚火箭。1985年，任先生70岁了，因为得到了国家科技进步奖特等奖，他的贡献才为人所知。1995 年，他 80 岁了，得到了“全国先进工作者”称号。在他 85 岁时，国家向他颁发了“两弹一星功勋奖章”和“航天奖”。然而，他说，“航天事业是集体的事业，个人的作用很小，很小”。是啊，我记得其他著名的“两弹一星”元勋也说过类似的话，而且举出了很生动的例子。任新民院士今年 90 岁。在他 70 岁以前，没什么人知道他的所谓“成功”。

成功的或者所谓“不成功的”，他们都获得了成功，因为他们的祖国成功了，祖国是科学工作者们最坚强的后盾。他们推动了共和国的进步，他们与共和国一道前进。人民会忘记很多事情，但将永远尊敬和记住这样一群人：他们为祖国生死攸关的重大事业当了螺丝钉。这些人不屈不挠，忠贞爱国，延续了关于中华民族的伟大神话，成为我国精神遗产中不可分割的一部分。人们从此懂得，即便那些所谓“不成功”的科学工作者，他们与共和国重大进步联系在一起的业绩，也会博得同胞们永恒的纪念，为世世代代的中国科学工作者树立榜样。

## 四、什么是科学工作者的祖国?

我今天谈的题目是“科学工作者的祖国”。祖国是个抽象概念，比起薪水、工作环境、雇主的名声乃至北京户口，祖国似乎是个虚无缥缈的概念。

然而，中国的科学界向来有爱国主义传统。中国的科学就是为挽救国家危亡而兴起的，“科学救国”是中国第一批科学工作者们的动力。我国的进步依赖科学。没有科学，没有现代科学精神的普及，没有用科学精神取代迷信和蒙昧，没有普及科学精神的现代教育，就没有我们贫弱的国家今天走向强大、富裕。祖国靠科学工作者，科学工作者背靠祖国，于是撑起了祖国这栋大厦。这大厦也给科学家们带来荣耀。数学家陈省身和物理学家杨振宁的落叶归根，只是这两者之间相互依存关系的象征。世界上得到诺贝尔科学奖的人有数百人，但作为中华民族优秀分子的代表而赢得诺贝尔奖，那荣耀属于一个在科学精神下复兴的古老文明，属于亿万中国老百姓那期待科学成就的眼睛。

什么是祖国？祖国就是我们脚下的这片土地和土地上的人们，是每一个中国公民，是我们整个中华民族。祖国是我们大家的家。祖国在哪里？祖国就在你面前，就在你的学位论文里，就在你的实验室里，就在你每天就餐的食堂，就是你每天面对的同学、老师、同事。祖国的兴亡是我们每一个人的责任，是我们每个人每天的行为积累起来的。当我们未来的科学家、工程师们去庙里算命，买饭不排队，甚至加塞儿，那就是国家落后的原因。如果念书只是为了自己出人头地，不惜踩着别人往上爬，就不善与人合作，就会偷懒，走歪门邪道，就抄袭、剽窃、造假数据，甚至会把国家的科研经费“洗”出来给自己买汽车和房子。这样，我们的国家就落后，就贫困。

的确，我们的家、我们的国家，落后、贫穷，很多地方不如别人的家。在一个遍地小农的国家，我们好不容易建设起了强大的工业，实现了工业化，却发现我们夜晚的天空没有了闪亮的星斗，我们城市里的空气肮脏得令人窒息，茂密的森林变成了荒原，辽阔的草原变成了黄沙。空气脏了，水不够了，能源枯竭了，生物多样性正在被迅速扼杀。如此，绿色的中国变成了黄色的中国，黄色的中国又正在变成灰色的中国——到处都是扼杀生命的工业化学污染。我们终于有了充足的食物，却没有了可以称为“安全”的食品。于是，工业化了，我们的国家却还是发展中国家，看不到成为发达国家的希望。不仅如此，我们的政策不合理，给国家带来光荣的宇航科学家却只得到很低的工资。岂止是这样，我们还有一些普通公民受了委屈，冤屈不能洗清，正义不得伸张。

然而，正因为如此，我们全体公民，特别是肩负着我国科学技术发展的科学家、工程师们，要一起来努力，要用我们大家的手把这座房子撑住。

别人的房子再好，那是别人的家。我们的房子再破，也是我们自己的家。我们的家是我们的依托，也是我们父母和兄弟姐妹们的依托。这房子再简陋，也能给我们遮风挡雨，给我们一份终极的归属感，给我们温暖和安全。为了撑住我们的这座简陋的房子，为了把这座简陋的房子变成坚固舒适的广厦，为了一个工业的而且是绿色的中国，科学工作者们要时刻准备着，准备吃亏，甚至做出牺牲，正如那些航天城里的年轻人。

我们不如人，我们承认。我们没有必要否认。但知耻而后勇，我们勇敢，我们不屈不挠。我们如愚公移山，前赴后继地努力，努力把国家建设成最好的家。这就是祖先留给我国精英们的忠诚精神。

忠诚是什么？忠诚是成不了一棵引人注目的茂密大树，就成为树底下的一粒泥土。这不是中国普通民众所固有的精神，这是精英才有的精神。正是我国的这种精英文化孕育了我们民族的希望和未来。

“科学无国界，科学家有祖国。”你的国家落后、贫困，所以出色的你在外不受尊重。你的国家先进、富裕、强大，你没有成名成家，但你永远不败，因为这国家的成功有你一份，你与国家共同进步。

然而，毕竟“科学无国界”啊。人们会说，你潘维讲的这许多，不是狭隘民族主义吗？不，不是。我讲两个道理。第一，中国人口占世界五分之一强。中国的进步是对全人类进步的巨大贡献。中国的贫困落后问题解决了，人类解决第三世界贫困落后问题的能力就会有决定性的提高，全世界的贫困落后问题也就接近于解决了。第二，科学无国界，但高科技有国界。发达国家对发展中国家封锁高科技，以保持它们对落后民族的压迫、剥削。中国的进步，中国的科技进步，就是打破高科技的国界限制，就是对“科学无国界”的真正实践，就是给全世界被压迫、被侮辱的发展中国家带来希望。因此，祖国的进步是中国科学工作者的神圣使命，这使命属于世界，属于全人类，是人类进步事业的重要组成部分。

今天，我讲了许多，概括起来有四个内容。第一，来自被压迫民族的科学工作者注定有祖国，不管他自己承认还是不承认。

第二，在悲剧的祖国，成功的科学家依然是悲剧。第三，祖国的成功，是科学工作者成功的依托，是科学无国界的真正希望。第四，在你们这些年轻的科学工作者身上，全体中国老百姓寄托了热诚的期待，期待着你们勤奋、诚实、忠诚。

## 五、作为结尾的四个故事

我想讲四个故事来结束我的发言。至于解读这些故事与科学工作者的关联，那就请诸位年轻的科技精英见仁见智吧。

第一个故事发生在19世纪美国的萨克拉门托市（Sacramento）。那里是加利福尼亚州的州府，是淘金热的中心，也是华人聚居的地方，有很多华人到那里去淘金。那里有一条大河，叫萨克拉门托河（Sacramento River），河上有桥。一天，清朝政府有位领事，是一位武官，正在过桥。他身后有两个美国农民，或者美国矿工，也在过桥。两人看着这个中国官员穿着清朝花花绿绿的官服，脑后拖着长辫子，很好玩，打赌这个中国外交官会不会游泳。于是两人一使劲，就把这位官员扔进了萨克拉门托河。他不会游泳，淹死了。然后，什么也没有发生，也不会发生什么，就像这件事从来不曾发生一样。那个时候，中国人并不认同“中国”。

第二个故事发生在1900年。八国联军只有两万个士兵，却打败了中国军队，占领了北京城，太后逃到西安去了。结果是，中国赔款四亿五千万两白银。这个数字是按照当时中国户部的人口统计得来的，也就是中国人不分男女老幼，一人赔一两白银。这笔钱折合成八国各自的货币支付。八国之中，美国“损失”（出力）较小，仅分得赔款中的 7.3％，即四亿五千万两中的三千三百万两，估算为美元两千四百五十万元。后来，美国政府方面承认，其半数赔偿要求属于“虚报”，故将该款之近半，即一千二百万美元，交还中国，条件是用于兴办西学。那时的一千二百万美元是很值钱的。今天在美国买栋房子要五十万美元；那时候，只要几百美元。1867 年，美国仅支付了七百二十万美元就从俄国买下了阿拉斯加。国会当时还嫌贵，差点就否决了。四亿五千万两白银能买多少个阿拉斯加？能买 46.4 个。阿拉斯加比整个中国东北还大，是美国最大的黄金、石油和鱼产品生产基地。庚子赔款自 1902 年起付，38 年后的 1940 年付清，其间年利率为 4％，总共支付了将近十亿两。在 1900 年之前，中国刚刚赔完日本，是甲午中日战争的赔款，两亿五千万两白银，价值 25 个阿拉斯加。到了这个时候，中国人想不认同中国也难。

第三个故事大家都熟悉。1900 年八国联军入侵之后半个世纪，到 1950 年，中国军队把美国军队从鸭绿江边打回到“三八线”了。这是中国自 1840 年以来打赢的第一场对外战争，而且是对世界上最强大的国家作战，而且是在外国的领土上作战。那是中华民族崛起的最明显标志。为了别人能平等地对待自己的民族，为了一份尊严，这就是像任新民院士那样的科技精英们回归祖国的理由。

第四个，也是我要讲的最后一个故事。有一位国民党将领，从大陆败退到台湾后，因为是败军之将，不被重用了。20 世纪 60 年代，他辞职去了南非，做点小生意过日子。那时南非与中国台湾关系密切，都自称是反共的坚强堡垒。与美国一样，那时候的南非还奉行种族隔离政策，比美国还严格。黄种人是有色人种，在公共汽车上必须坐后排座，前排的座位属于白种人。40 年前，1964 年 10 月 17 日，这位先生乘公共汽车，上车后他习惯地往车后面走。司机对他说："你可以坐前排了，不用去后面了。"老先生非常诧异，说："我是中国人。"司机说："我知道，我看出来了。"老先生说："那，我不就该坐后面？"司机说："你没看今天的报纸？昨天中国爆炸了原子弹。能造出原子弹的民族当然是优等民族。从今天起，中国人都可以坐前排座。"老先生一下子就愣住了。过了一会儿，他泪流满面地说："这车我不坐了，我下车走路。"红色中国为他挣来了前排座，挣来了一个民族整体的尊严，却永远断绝了他跟着蒋介石反攻回大陆的希望，也就永远断绝了他回归故乡的希望——至少在那个时候他是这样理解的。

是啊，认同祖国不是件简单容易的事情，那里面掺杂着无数个人的恩恩怨怨、爱恨情仇、委屈与失望。是啊，家很丑陋，但那是我们自己的家。

# 追忆史天健*

我与史天健是同学，是北大国际关系学院的同学。他在77级，我在78级。两个班分别在1978年春、秋入学，大多相互熟悉。我们一起上课，一起去食堂、操场、澡堂、图书馆，一起办节日联欢会。后来我俩都在美国读政治学博士，他在东岸，我在西岸。我与天健还是同行。他在杜克大学讲授比较政治学、中国政治，我在母校也讲授同样的科目。我们常在一起讨论，一起开会，一起聚餐。我与天健还是同志，我俩对政治事务的立场和看法相当一致。天健在2010年圣诞日突然离去，我失去了一个好同学、好同事、好同志。

天健不仅是同学、同事、同志，更是我们都喜爱的好朋友。中国政治是敏感领域，大家的看法大相径庭，老朋友间恶言相向

---

* 本文是2011年1月9日作者在史天健教授追思会（地点：清华大学）上的发言。

者不在少数。但为什么无论政治立场如何，大家都认天健为挚友，都喜欢他？

天健是快乐的人，总带着老北京话特有的幽默。有他在，无论话题多沉重，大家都会轻松。哪里有天健，哪里就有笑声，就有幽默。

天健是爽朗的人，不拘小节。他在美国教了近二十年书，大概从没闹明白皮鞋领带西服是怎么个穿法。他上身打领带，下面穿北京布鞋，谁爱咋说咋说，一副北京“爷”的嘴脸。一次来我在旧金山湾区的家，他居然声称嗜好绍兴黄酒。我跟他抬杠，说真正的北京人只用绍兴黄酒当炒菜的作料。不记得他讲了番什么怪理，结果是我心甘情愿给他买了一箱子绍兴黄酒带走，也不知他是怎么带上飞机的。

天健是乐于助人的人，无论什么忙，是朋友的忙他都帮。当初 77 级的天健、78 级的我、79 级的陈建军三人联手帮一个女同学来美国，找到了美满婚姻归宿。天健在其中承担了最大、最关键的风险责任。他始终热心帮助母校学生赴美深造，鼓励提携年轻人，还为母校学子们传授赴美“秘诀”。我教过的若干学生都得到过他的指导，会永远感念他的帮助。

天健是勇敢的人，胆子奇大。开过纽约出租车的政治学者大概也只有他了。他不仅开了，还开出了“门道”，纽约出租车协会居然给他发“年度优秀服务奖”。其实，这还是小儿科。早年插队时他当过“赤脚医生”，为当地农民接生过上百个婴儿，曾是河南乡村“名医”。有这经历，他在哥伦比亚大学买辆百元破车就敢满世界跑也就不足为奇了。据说那车破到底盘有能“脚刹”的窟窿，随时熄火，他随时动手修车。

天健是勤奋的人，正所谓“天行健，君子以自强不息”。该上学时他插队，该选工农兵学员时没他份儿，但他在乡下一直刻苦。第一次高考，在积攒了十年的人才堆里，他一考中的。到毕业时，那绝对稀缺的出国深造名额又被他抓住，他因此成为那时最早赴美读政治学博士的学者之一。更神奇的是，他在美国也不落人后，美国政治学界刚兴起“计量”之风，他是最早跟上的，满口“样本量”“数据回归”。有时我会想，有啥东西是他史天健学不会的？我虽比他小八九岁，可无论如何也跟不上“时髦”，尤其与数字有关的。天健的勤奋，我们大家有目共睹，他为赶上新潮勤奋至极，日子过得很累。

天健是知行合一的人。他做学问是要有用的。他的所有研究，最后都落实到政策建议层面。他很想改造现实，让现实符合他的理想。他不仅做学问，而且做事，为自己做过的事、产生的政策影响而感到快乐。中国的城市、中国的农村、中国土地问题、中美关系、两岸关系、中国的教育问题等领域，或大或小，为人知或不为人知，他做了大量有益的实际工作。

天健是诚挚的爱国者。他每年多次往返中美，为中国的落后受欺而愤懑，为中国的进步富强而快乐。尽管有时热脸贴上了冷屁股，甚至被误解、受冤枉，但他痴心不改、认同不变，一心帮助中国的进步事业。他始终抱着落叶归根的希望，参与筹建清华大学政治学系就是实现这个愿望的最后一步。为着这一天，他忍受了将近二十年的国际旅行障碍，始终保持自己的中国公民身份，没有加入美国籍。

天健是个传奇，是传奇的一代人里的传奇。过去、现在、将来的很多人从他的作品中认识他。但对我们来说，他不在书里，他是朋友，是哥们儿，是古道热肠的哥们儿，是无怨无悔的理想主义者、真挚忠诚的爱国者，始终如一。他开朗快乐，却注定一生劳累。天健已安息，不必再风尘仆仆、劳心劳力。自天健离去，传奇的一代就开始逐渐凋零，但这传奇将在北大国关学院的学子们中一代代传下去。

# 追忆同事李保平*

李保平是我在北大国际关系学院的同事，是我院的非洲问题专家。他生于1958年7月，是山东人，高中毕业后在农村插过1年队，在工厂当过5年工人，在北大国际政治系读了7年本科和硕士，去中国社会科学出版社做了4年编辑。保平1991年调入北大亚非所，还读了在职博士，任国际关系学院教授。他在2010年6月14日骤然抛离尘世，几近52岁，教龄未及20年。

北大有不少全国乃至国际“知名”的教授，但如果“百度”北大教授李保平，你看不到很多条目，也不会得到很多信息。但他是当代知识分子的真实代表。因为有这样的“普通”学者，才有21世纪我国学术和高等教育的飞速进步。

---

* 本文写于2011年4月23日。

## 一

保平在专业上训练有素，为人忠厚勤恳，办事一丝不苟。资深学者们办的“中国非洲史研究会”就请他处理会务和行政杂务。比如管理协会财务，虽然钱数可怜，收支记账却颇为烦琐。在那些资深教授面前，他永远是忠诚可信的、能操办具体事的“年轻人”。直至去世，他还在兼任这个学会的“秘书长”，尽管已经资深，被提拔为“副会长”。保平还是北大非洲研究中心的“秘书长”。北大亚非所在这个世纪最初10年的上半期合并到了北大国际关系学院，教学和科研成果成为评职称的主要依据。他很“吃亏”，因为刚获得在职读的博士学位不久。在讨论他申请提升正教授的会上，行将退休的亚非所所长很动感情地解释了保平的情形。在当时学院的教员队伍中，1980级毕业生未能升任正教授的几乎没有了。与会教授们都从“年轻人”时代走来，尽管少有务农务工经历，却大多“打过杂”，都心有戚戚，以绝对多数票通过了他的申请。

## 二

做北大教授，保平实至名归。事实上，他是我院最勤奋扎实的学者之一，后来居上，抱负远大。上个世纪我国长期贫穷，研究非洲却没去过非洲的学人颇为常见。但自本世纪初开始，随着国家开始富裕，教员收入逐渐提高，实地调研成为可能。保平比任何人都更热衷于实地调研。去撒哈拉以南非洲调研是非常艰苦的，鲜有深入缺水、缺电、缺医、战乱地区的学者。但他立下宏志，要走完非洲全部 50 余个国家。缺少国家经费就争取社会经费，缺少社会经费就自掏腰包。为节省旅馆费，他在欧洲机场苦坐一日一夜等待次日转机。为节省经费，他与当地黑人一起挤长途车，在 40℃高温下住没有空调的小旅店。他去疾病丛生的穷乡僻壤访谈，钻入他后背皮肤下的一只非洲小虫居然长成了大虫。他在非洲获得了诚挚的感情，也遭到了偷、抢、骗。就这样，非洲 50 余国他已经走完了 20 多个，而且是用脚在走，不是开一两天研讨会的那种“去过”。他的实地调研非常细致，存下了海量数据、访谈记录、游历感想和数万张照片。这一切，都预示着中国行将出现一位极为出色的非洲事务专家。他所讲授的课程让中外学生们痴迷，因为他从中国人视角记录非洲鲜活的历史。在他的遗体告别仪式上，长长的黄种人队伍中夹杂着许多非洲黑人，都是他的学生和朋友。保平的遗体火化了，但他的学术活动增进了中华文明与非洲文明的相互理解和谅解。那是不朽的。

## 三

保平极为谦逊好学。他自认理论功底不足，虽已是资深教员，却来旁听我给硕士生们开设的“比较政治学理论”课。他从不缺课或迟到早退，俨然一个正式的学生，与学生们坐在一起讨论“现代化”“民主化”。他比我年长，也比我任教时间长，我当然倍觉尴尬。但我知道他的渴求，他要以自己拥有的丰富实证资料进入理论探索的最前沿。他不仅要记录历史，而且要对历史做出权威的诠释。每当他指导的本科和研究生论文出现思想创意，他就与我一同欣赏、讨论，要我帮他指出这种观点的可能前景。在他最后一次非洲之旅的开端，我俩在荷兰机场偶遇。那时他告诉我，他将沉淀两年，要同我密集讨论，看看如何用理论梳理他那些丰富的资料，创建对“发展”的新颖理解。他的执着、踏实、理想让我尊敬，令我感动。那时，我感到一颗学术巨星大器晚成，行将在中国冉冉升起。

## 四

在学术进步的路上，保平走得相当艰难。在北大国际关系学院教师队伍中，“海龟”是明星，西学盛行；而保平是“土鳖”：务农、务工、做编辑、做行政杂务，还有不少岁月耽搁。但保平的学术成就毫不逊色。他关于非洲的著述曾十多次获得教育部人文社科优秀成果奖、北京市哲学社会科学优秀成果奖、北大人文社会科学研究优秀成果奖等奖励。而且，他真正的惊世作品还尚待完成。在我国非洲问题学者中，他拥有最丰富的第一手资料，拥有自己踏勘来的社会体验，包括在非洲患疟疾无医苦熬的体验，包括布隆迪政变时机枪从他头上的直升机往下扫射的生死体验。他拥有真正天然的学者本色——对学术的挚爱，而且勇敢、真诚、不屈。

## 五

而今，20 世纪 50 年代末出生的学人，父母已然衰老，儿女却还正待完成高等教育。保平是个典型的好儿子、好丈夫、好父亲。他上孝父母，下爱独子，夫妻相敬如宾。他顾家，对妻子用情至深，无论去何处，哪怕远在万里之外，都时时向妻子“汇报”。他俩共度时艰，琴瑟和鸣，投资理财，购房买车，把有限的家庭收入打理得井井有条，支持了孩子去美国自费留学，还支付了保平的非洲旅费。保平出生在“饥饿时期”，却长成一米八七的山东大汉，强壮、忠诚、相貌堂堂，脸上永远挂着宽厚温和的微笑。就我们的时代而言，保平不时尚，但很男人。2010 年夏天，儿子从美国学成归来了，见过了儿子的女友及其家人，保平已经再没有负担了。

## 六

2009 年春天开始，保平再次去非洲旅行了几个月，那是学术思想成熟后的关键之旅。即将满载返国之际，他却遭遇了大劫难，永远终结了他的非洲梦。喀麦隆的贼偷走了他的相机、钱包、护照，而且偷走了他的笔记本电脑——里面有他在非洲几个月来获得的数据，呕心沥血写的研究文章和游记，还有上万张照片。因为没有证件和钱，他被困在那里半个月回不了国。宏大的学术梦想遭遇了毁灭性的打击。在他终于回到祖国时，一米八七的大汉，体重只剩下百十来斤，骨瘦如柴，疾病缠身，身体完全垮了。他以巨大的毅力坚持着，几乎完成了 2010 年春季学期的教学任务。就在这学期的末尾，他终于坚持不住了，崩溃了。余下的生命将给家人和同事带来经年累月的累赘。在清醒的时候，他仔细安排了家人的生活，该嘱咐的都用文字写下了，还用文字向自己服务的学院和学会交代了所有未完成的事，细致无遗，正是一贯的他。

保平没能成为学术巨人。他走了，带着做人的尊严，带着做男人、儿子、丈夫、父亲的尊严，带着一个学者的尊严。

保平是好人，是非常体面的人，是我们这代许许多多中国学人的缩影。他与祖国一起经历困苦，一起进步，一起铸造辉煌。在人民共和国这棵粗壮的大树上，有的人“成名”了，成为枝干；多数人默默无闻，只是一片片树叶，在春天发芽，在夏季成熟，在秋季悄然飘落，因而有了大树的“枝繁叶茂”。

在保平短暂的生命中，我看到一种永恒，人类精神的永恒。

# 纪念邓英淘*

《观察与交流》半月刊已出至第100期了。我谨代表本研究中心全体同仁，向居“江湖之远”及“庙堂之高”的各位读者和作者深致谢忱，感谢大家关注并支持这份刊物及其姊妹月刊《研究报告》。我们秉持本中心“促进中国学派”的理念来编辑《观察与交流》和《研究报告》，使正式学刊视野以外不拘一格的文章和国家资助项目以外的研究成果得以流传。我们深信，百年来靠贩售西学概念来做学问的时代正在终结，有中国独特视角的学问能为世界做出较大贡献。

本第100期转载《香港传真》早前刊载的《为了多数人的现代化》一文。该文记录王小强访谈病榻上的邓英淘。邓英淘于今年3月11日晨辞世。我们以此向这位杰出校友致敬。

---

* 本文写于2012年3月13日，原载《观察与交流》第100期。

邓英淘生于1952年9月5日，湖南桂东人，1982年毕业于北京大学经济系，是中共资深理论家邓力群的独子。改革开放的前十年，英淘在青年思想界曾叱咤风云，盛名远播，然后突然销声匿迹，彻底脱离了名利场。从上世纪80年代后期开始，他与崔鹤鸣、王小强一起踏遍祖国的千山万水，为解决中国严重的能源和水资源问题殚精竭虑，奔波了二十年。这“三老汉战斗队”在艰辛实地调研的基础上不断就能源和水资源问题提出各种宏伟的乌托邦方案。

在此仅举一小例。他们建议，在近四十万平方公里的塔克拉玛干沙漠上铺设五万平方公里太阳能光电板，汲取地下的咸水并淡化，白天提水至水库，晚上放水发夜间用电。于是，能源问题解决了，水资源问题解决了，粮食问题解决了，棉花问题解决了，改善沙漠气候的问题也解决了，中国最大的沙漠变身为近四十万平方公里的良田、化工厂和城市，这将造就一个新中国。国人当然有理由质疑这些当代“愚公”：为了这来世的乌托邦，值得现世的几代人勒紧裤腰带吗？

我们正处于急功近利的时代，处于知识界风行追名逐利的时代。在这个时代，邓英淘们踏勘而来的种种大策划有如微弱的烛光，被嘲笑、被忽略。然而，什么是精神文明？精神文明就是为来世的乌托邦牺牲现世的物质享受。有了这精神，才有宇航工业——为来世的人们迁徙出太阳系而花费现世的巨资。那是一种从建设“无用的”宏伟庙宇传承而来的精神。在缺少“来世”信仰的中华，数千年盛行物质主义。精卫填海、夸父追日、愚公移山……都是远古的“故事”；修筑万里长城的精神也被庸俗地批判为“好大喜功”。可是，从太空远望地球，五万平方公里的光芒意味着什么？那是人类精神的光荣！

乌托邦是人类精神文明的结晶。我们为拥有英淘这种“计利当计天下利，求名应求万世名”的北大校友感到自豪。大浪淘沙，当政治概念的空谈落幕，当追名逐利的人们被后代遗忘，留下的将是中华精神文明不熄的火种，是乌托邦设计者们的永恒。

我们把《观察与交流》第 100 期奉献给精神不朽的杰出校友邓英淘。愿他燃烧自己而点燃的那支微弱烛光鼓舞我们继续前行。

# 二、文化自觉

# 理想主义与大学*

很高兴能为我们学院的“文化节”做点贡献。

因为讲授社会科学，难得与本科生交流“文化”。社会科学讨论不以个人意志为转移的因果关系，也就是“规律”；文化则属于道德情操之列。如果不是“文化节”，就很难有机会与大家交流为人做事的心得。

今天我想讨论两件事。第一，什么是理想主义？第二，为什么大学要培养理想主义？

## 一、什么是理想主义？

在英文里，理想主义与唯心主义是一个词，都是 idealism。

* 本文是 2004 年 5 月 18 日作者在北京大学国际关系学院文化节闭幕式上的演讲。

这个词属于哲学范畴，意思是说，对人而言，思想精神是第一位的，是至高无上的。我在这里讨论的理想主义，虽然与哲学意义上的唯心主义不完全是一回事，但有密切关联。这里首先谈理想主义的定义，或者说关于理想的三个特征。

第一，理想不是现实。理想主义的词根是 idea，是观念。ism 是至上的意思，就成了“主义”。如果去掉表示“至上”的后缀词尾-ism，就是 idea，就是观念。观念不是现实，理想不是现实，这是关于理想的第一个特征。

第二，理想意味着善良完美的观念，是利他主义精神。因为是 perfect idea，所以是 ideal。如果不是善良完美的观念，而是一般的 idea，就很难“至上”，很难成为“主义”。所以，idealism 是 ideal 加上后缀-ism，不是普通的 idea 加-ism。公元前 5 世纪至公元前 4 世纪的柏拉图是古希腊世界里最著名的唯心主义者，他的著作集中讨论“善”，即“good”。从 11 世纪到 18 世纪，欧洲流行主观唯心主义。主观唯心主义的核心内容是绝对精神，是 absolute。absolute 的含义与柏拉图的 good 几乎是一样的，即完美的善良、绝对的善，也就是孔子讲的“至善”。在那个时代，唯心主义者是这样证明上帝存在的：因为上帝完美无私，所以上帝存在。如果上帝不存在，怎么会有完美无私这种观念呢？在那个时代，善良完美为“真”，代表“真理”，就是 perfect。

“理想”就是 ideal，不是关于个人私生活的，而是完美的道德观念，是大公无私。夸父追日、精卫填海、愚公移山，都是在为他人做自己生命之内无法完成的事。夸父、精卫、愚公的作为是利他的。他们被后人传颂千年，因为他们展示了追求理想的生命，展示了生命的完美。

idealism 通常都攻击私有观念，攻击自私自利的个人主义。柏拉图穷其一生，鼓吹“理想国”。理想国是个道德国家，没有私有制。比柏拉图早生 120 多年的孔子也有这样的思想。他说：

> 大道之行也，天下为公。选贤与能，讲信修睦。故人不独亲其亲，不独子其子。使老有所终，壮有所用，幼有所长，矜寡孤独废疾者皆有所养，男有分，女有归。货恶其弃于地也，不必藏于己；力恶其不出于身也，不必为己。是故谋闭而不兴，盗窃乱贼而不作。故外户而不闭。是谓大同。

对孔子而言，天下归大众公有乃是“大道”。大道之下的社会，选择德高能干的人来领导，讲求人与人之间的信用与社会和睦。在天下无私财的社会里，人与人之间相亲相爱，不以血亲关系为意。因此，老者能颐养天年，壮者能人尽其才，幼者能学有所长，残疾者能生活无忧。从此，世上再无怨女旷夫。人们开发自然资源，不是为聚敛私财，为的是物尽其用。人们努力工作，不是为了自家，而是出自道德。在这样的社会，不会有窃财越货之盗、叛乱戕仁之徒。当此外出无须闭门的时代就是“大同社会”了。大同社会就是大道，是最大的道理。这种理念显然是遥远的。但孔子这段话，被谱写成歌曲，传唱至今。这理想是完美的，所以是永恒的。这理想到了马克思的时代，成就了一场国际共产主义运动。运动死了，但那伟大理念不会死，因为那理想是善良完美的。所以，理想是道德的、完美无私的，与今日所说的“真善美”相类。理想是道德的，是无私地去为社会做贡献。这是关于理想的第二个特征。

第三，既然是完美的道德观念，理想就不大可能成为现实。实现了的理想，就不是理想了，新的苦恼就出现了。所以，理想是很难实现的观念，经常是穷尽一生的努力也无法实现的完美观念。正因为其道德上的完美，就难以实现，至少不是在个人有生之年能实现的。这是关于理想的第三个特征。

概括起来，理想有三个特征。第一，理想不是现实；第二，理想是完美善良，是大公无私；第三，理想是难以实现的，尽毕生的努力也难实现。

我们今天处在一个现实主义的时代，是理性时代，不是浪漫时代。“理性”指的是“对代价的敏感性”，是 accounting，是算得失账，是盘算个人的付出和个人的收益。对今人而言，神不存在，上帝不存在，天堂不存在。既然生命不过百年，生命内的物质享受就是一切。所以，个人的物质得失最重要，理想是不重要的。那么，为什么还要在大学里讨论理想，鼓励理想主义呢？

## 二、为什么大学要培养理想主义？

这就要先解释什么是“大学”。

直到 20 世纪开始，要在我国当“知识分子”，就要熟读“四书五经”（“四书”指《大学》《中庸》《论语》《孟子》；“五经”

是《诗经》《尚书》《礼记》《周易》《春秋》)。上学就是读“四书五经”，考试也考“四书五经”。

“四书”的第一本是《大学》，“大学”指的是最大的学问。我们把 university 译为“大学”。university 的词根是 universe，是宇宙。university 的意思是环宇普遍的学问道理，包括了自然及社会科学知识和道德人文知识这两大类。人文不是科学，却也是知识，是与科学同等重要的知识。我们中国传统的“大学”不包括科学知识，只有道德人文知识。加上科学，中国的“大学”与 university 就一致了。西方的 university 原来也不包括科学，而是哲学、神学等人文知识。神学、哲学演变到今天就是人文学科，英文称作“humanities”。在今天的西方，科学与人文构成知识的两大基本类别。

中国传统的“大学”讲什么?《大学》开篇的第一句就讲了“大学”的宗旨:“大学之道，在明明德，在亲民，在止于至善。”

用今天的话说：学问的最大目的有三个，而且是有因果关系的。(1) 光大高尚的品德；(2) 全心全意去为人民服务；(3) 追求“至善”这一理想境界。孔子思想的核心概念是“仁”。什么是“仁”?“仁者爱人”。爱人是大爱，不是小爱，不是私生活里的情侣之爱，而是爱祖国，爱人民，全心全意为“社会”服务。为社会服务，社会至上，就是社会主义。孔子的政治理想是，人们要克制自己争权夺利的私欲，恢复周朝的尊卑礼仪，也就是“克己复礼”。他的政治理想没能实现。在春秋之末战国之初，乱邦林立，礼崩乐坏，孔子的理想当然不可能实现。他的“大道”，讲经济平等、共产主义天下大同，更是伟大的理想，也因此是永恒的理想。

为什么把无私地为社会服务当作“至善”？为什么“至善”被称为“大学”？我讲三个理由。

第一，人类社会需要理想主义、集体主义、利他主义。当这种人文精神衰落了，就只剩下科学了，这个社会就被功利主义左右，被物质主义垄断，就堕落成弱肉强食的动物世界。什么是人类社会？彼此关联的人群构成社会。自私自利的个人主义来源于社会，却并不维护社会，并不能使社会上的人互相帮助、相亲相爱。相反，个人主义承认强者胜出，弱者成为社会的失败者，活该被强者奴役。

大家可能知道亚当·斯密（Adam Smith）。1776年他出版了《国民财富的性质和原因的研究》。《国民财富的性质和原因的研究》阐述了一个道理：一只看不见的手，指挥着自私自利的人们在不知不觉、毫无意识和目标的状态下，为社会的财富积累做了贡献。这个道理经常被我们的经济学家们引用，为自私自利辩护，并且宣扬自私自利。然而，亚当·斯密并不仅仅写了《国民财富的性质和原因的研究》这一本书，他写过两本书，几乎同样有名。他在1759年出版了《道德情操论》。

在《道德情操论》里，亚当·斯密回答了一个问题：为什么有的民族发达，有的民族落后？他首先解释说：自私自利是人的普遍本性，但是人还有另一个本性，就是获得“社会”的认可、尊重。这种欲望是独立于个人功利（utilitarian）欲望的。他称这种被社会认可的欲望为“同胞之情”，就是 fellow feelings。fellow feelings 指的是人在追求物质利益的同时受道德观念约束，不要去伤害别人，而是要帮助别人。这种道德情操从哪里来？他说是造物者种植在人的心灵里的，是 planted by the Author of Nature，为的是拯救人类的灵魂，使人类能永恒、永续。没有永恒的精神，人类是不能永恒的。既然“同胞之情”对保持人类社会关系的和谐至关重要，所以，追求永恒高于追求个人私利。接下来，他就回答了问题：为什么有的民族落后呢？他说，所有的民族都需要 fellow feelings 来获得进步和发展。但很不幸，只有一小部分民族能拥有这种高贵的情操。比起个人主义，同胞之情并不是普遍存在的。所以，只有一小部分社会能从社会组织的野蛮阶段进步到文明阶段，成为文明社会（civilized society）。人人自私只是野蛮社会的机制。

《圣经》里有这样的说法，“Many are called，few will be chosen”，就是说，上帝召唤了很多人，但只选择了极少几个。道德情操是举世皆知的，但能拥有这种道德情操的只是极少数，以道德情操为本的民族极少。

为什么到 1700 年为止，我国文明在世界上领先了两千年？我国有孔子，孔子以道德情操为“大学”，让所有的社会精英去研究和遵循“大学”，成就了中国的道德治国，成就了“礼仪之邦”。

无论自然科学还是社会科学，科学追求的都是发现和解释客观规律，也就是追求理论。然而，德国的歌德曾说过一句非常发人深省的话，“理论是灰色的，生命之树长青”。人文学科的历史比关于自然和社会的科学更久远，意义不在社会科学之下。有了价值思辨，有了人类生活的描述和记录，人类文明才有了灵魂。人文知识让我们能品味酸甜苦辣，感受痛苦与快乐，懂得耻辱和光荣。

当然，只有人文，没有实用的科学也不行，就成了泛道德主义。南宋的理学大师朱熹要“存天理，灭人欲”。他只讲道德，不讲满足人之物欲的科学，便失之虚伪。缺少现实主义，南宋无力抵抗外来入侵是情理中的事。所以，《礼记》又记述了孔子对“今大道既隐，天下为家，各亲其亲，各子其子，货力为己”的私有时代的政治理解，以及强调道德灌输和上下尊卑的制度礼仪设计，体现了强烈的现实主义。

我在今天强调理想主义，不是来争论道德理想与科学精神哪个更重要。今天的人文精神衰落了，特别是在培养精英的北京大学衰落了。人文精神被商人精神取代，北京大学向商学院靠拢，才引发了我在这里的话题。缺少了人文精神，我们的社会就堕落，我国社会就不团结，就重新回到一盘散沙的状况。强大的国家是团结的国家，是有精神的国家，是有集体主义精神的国家。

为什么把无私地为社会服务当作“至善”？为什么“至善”被称为“大学”？我的第一个解释是：“社会”的进步需要利他的道德情操，也就是理想主义。除了学习实用的科学知识，大学生要为服务于社会做准备。大学生要有服务于公共生活的精神，成为我们社会关系中积极健康的力量。

因此，把无私地为社会服务当作“至善”，把“至善”称为“大学”，第一个原因就是社会进步的需要、社会团结的需要。

第二，既然讲究集体主义的“至善”是“大学”，是大学问，那么就只有社会精英才可能掌握。或者说，具有了这种精神的人就是社会精英。社会精英未必有正式大学训练的经历，更不一定是考试分数最高的那些人。士兵雷锋、淘粪工时传祥都是精英，因为他们是我国社会精神的楷模。罗马统治末期（大约公元500年），英格兰出了个大英雄，率领民众抵抗日耳曼撒克逊人入侵，他被称为“亚瑟王”。在爱听故事的欧洲人中广泛流传着关于他英雄业绩的传说，但学者们怀疑这传说有多真实。对此，丘吉尔是这样评论的：

> 这些事情并非虚构。如果我们能目睹这些历史片段，就会觉得学者们所研究的这个问题像《荷马史诗》和《圣经》旧约一样，有事实根据，又有神圣的想象。那全是事实，或者说应该全是事实，因为那故事比事实更壮丽，更动人，早已构成人类精神遗产中不可分割的一部分。人们从此知道，当他们为自由、秩序和尊严而斗争的时候，即使牺牲了，他们的光辉业绩会博得永恒的纪念……为世世代代的正直同胞树立榜样。

我们不追究《雷锋日记》里的细节是否真实。为世人所知的雷锋是精神世界的楷模，他使我们的社会比过去更文明、更亲切了；也使我们知道，缺少了雷锋精神的社会是多么堕落、多么冷酷。

任何一个社会都需要英雄。英雄是精英中的精英。英雄的基本特点是：他们不是自私自利的“小人”，而是胸怀远大理想，以天下为己任，并为之艰苦奋斗、百折不挠，变不可能为可能，为社会做出重大贡献的那些人。美国商界的英雄不是那些赚了很多钱的人，而是那些赚了钱，却将这些钱全部奉献给社会进步事业的人。连商人都如此有理想，美国成为强大的国家就是自然的了。企业是不可能永恒的，但无私奉献的精神是永恒的，让世世代代的人所敬仰。我们人类不是因为有了企业之间弱肉强食的竞争而成为人类，我们是因为有了人类的精神，也就是人文精神，才成为人类，才有了人类社会。正因为如此，政界的英雄都是那些一心一意为社会进步做出个人牺牲，领导社会走向团结和胜利的人。对这些人，我们称之为“伟大领袖”。当红军长征即将结束时，人员只有三万，衣不蔽体，连皮带都吃掉了，更不用说枪支弹药的捉襟见肘。但在那个时候，毛泽东写下了“今日长缨在手，何时缚住苍龙”这样的诗句。长缨几乎子虚乌有，但蒋介石这条苍龙有数百万军队却是真实的。所以，毛泽东拥有的是浪漫的理想，是不顾一切，要把小农的中国变成像苏联那样强大的社会主义中国的理想。在这样的理想感召之下，就会有精兵强将，就会聚拢全中国最出色的人才，把不可能变成可能。当周恩来去世的时候，联合国秘书长决定在联合国下半旗志哀。有人反对说，那是没有先例的，因为周不是国家第一领导人。然而，秘书长回答说，如果任何一个国家的第二领导人能没有子女，身后没有一分钱存款，数十年如一日为本国的独立、强大和进步服务，我也为他下半旗。我们中国有毛泽东、周恩来这样出色的政治领袖，这是我们中国人的骄傲，是中华文明的骄傲，他们来自我们文化的深厚底蕴，来自“大学”，就是大学问。

能够坚持理想的成年人是极少数。理想使他们坚强、弘毅，百折不挠，成为英雄。培育先进稻种的袁隆平，最初没有科学院研究员的地位，没有研究资金，无怨无悔默默耕耘了数十年，终于成就了惊天动地的事业，为中国和世界的粮食生产做出了巨大贡献。他是我国农学家的楷模。袁隆平的成功，当然是理想主义在起作用，理想主义使他成为百折不挠的英雄。作为思想家，马克思是百年世界里的第一人。他以自己的理想批判市场，批判资本主义，批判国家，批判私有制度，批判家庭。他生前从没得到过任何官方的承认，没有大学教职，没有女王的奖励，甚至没有祖国。他终生勤奋，在学术领域建立了一个庞大的王国。在我们的国际关系领域，半个世纪以来，做出最重大知识贡献的是肯尼思·沃尔兹（Kenneth Waltz）。他创造的是现实主义理论，但他对知识的追求绝对是理想主义的，他终生追求最出色的理论，一生勤奋研究，像亚当·斯密那样只写了两本书，一本是博士论文，另一本在退休前十年才出版。在生活上，沃尔兹在美国名校的政治学教授里是比较困难的，他只靠固定工资活着，还要养活不工作的太太和三个孩子。在现实生活里，他像马克思那样坐了一辈子冷板凳，然而对国际关系的学术世界，他几乎是永恒的。在去年美国政治学年会之余，教授们议论今天给学生的国际关系必读书单。谈论的问题是，百年之后，哪一本还会继续列为必读书？对所有的书大家都有争论，但只有一本大家没争论，那就是沃尔兹的《国际政治理论》。缺少了贡献社会、追求完美知识的理念，就没有沃尔兹。没有普及于美国大学里乃至西方世界的理想主义精神，就没有出色的美国乃至西方学者。

现实生活会摧毁理想，摧毁理想主义。然而，如果大学不鼓吹理想主义，如果我们不是在大学播撒理想的种子，我们就不会有精英，不会有百折不挠的英雄，不会产生知识泰斗，我们中国社会的质量就会比较低。

大学是培养精英的地方。北大希望能培养出精英中的精英，希望这里能出领袖人才。然而，缺少了理想，缺少了人文精神，这里就很容易成为培养废物的地方，甚至频繁出现自杀、精神抑郁症。

因此，把无私地为社会服务当作“至善”，把“至善”称为“大学”的第二个原因是：那是英雄的品德，是领袖的要素。大学只讲分数，不讲“至善”，就不会是培养精英的地方，那里的“精英”经常只是分数的奴隶。

第三，讲究集体主义的“至善”是“大学”，大学问要从青年时代养成，成为大学生活的重要组成部分。为什么要着重在青年时代讲究“理想”？为什么理想的种子要在青年时代播种？因为理想不是现实，现实会蹉跎理想，摧毁理想。许多人在年轻时有远大理想，但多数人在成家、工作或者遭受挫折之后就成为现实主义者，甚至变成庸庸碌碌、争权夺利的“小人”。

正因为如此，我们在大学里鼓励学生参与社团活动，鼓励集体主义，讲授理想，与学生一道憧憬人类社会的光明前途。教授们懂得社会的黑暗，但他们批判黑暗，鼓励大家追求光明。我们不在大学生中散布个人主义的甚至反社会的灰色阴暗情绪。为了社会的进步，为了改善社会，我们培养积极乐观的情绪，培养以天下为己任的责任感，培养未来的社会公共生活的积极参与者。

“青年是祖国的未来。”当年，过去的成年人对我这样的过去的青年，曾经这样讲。可当时的我没有感觉。而今，作为今天的成年人，我对今天的青年也这样讲。为什么？因为我们这个年龄的人显然已经成为目前社会的主导力量，是社会的中流砥柱。我们的昨天，我们昨天的理想，决定了中国今日社会的现实。当我在这校园里呼唤找回理想主义的时候，那反映了我对中国今天社会现实的痛苦反思。看着那些今天正在办理退休手续的我的老师们，我才省悟到：当我退休之时，在座的诸位将是社会的中流砥柱。如果你们今天对现实不满，那么，你们的理想就是祖国的未来。我希望这未来不是更堕落，而是更美好。

昨天的《北京晚报》登了一张半版的照片。说是一个叫刘路菲的63岁退休乡镇干部，业余研究永定河历史，发现某地应有一座建于1891年的大王庙，纪念永定河1890年决口。该庙1958年就被拆除了。从1993年起，他遍访当地知情者，收集了大量资料，为大王庙复建奔走了10年，矢志不渝。他的努力有了回报。下个月大王庙复建工程将结束，成为永定河东岸一个免费对市民开放的博物馆，里面藏有他收集了40年的永定河资料。因为有了刘路菲这样的理想主义者，我们的社会变得更美好。他的理想主义，显然不是与生俱来的，也不是退休后才养成的。

有人说：我不会是什么精英，也担不起中国兴亡的责任。我只想嫁到美国，在一个富裕的家庭里当家庭主妇，打理 house，养两个孩子一条狗，相夫教子。这是我在北大拼命读书考试，考 TOEFL，考 GRE，读双学位的现实主义目的。我见过不少这样的人。然而，我看到她们中相当大的一部分，积极参与美国的社区生活，培养了出色的孩子，赢得了全社区人的尊敬，为中国人赢得了声誉。而且，她们努力要孩子们学习中文，在小学、中学、大学里回击美国人对中国的偏见，要他们维护自己母亲的祖国。看到了吗？在和平时期，她们是中美关系的纽带。当中美发生严重冲突，甚至战争的时候，在美国的大批华人——她们出色的子女们，就给祖国的生存带来更多的希望，带来更多胜利的希望。这就是大学生活里理想主义的重要性。青年是祖国的未来。比较有理想的青年，决定祖国比较理想的未来。

如何让大学鼓励青年有理想？关键在教授们。为什么大学被称为象牙塔？我们从犹太知识分子的来源说起。在两三千年以前，犹太人部落养活一种人，专门抄写《圣经》。他们每天沐浴焚香，只抄一页，为的是不出错。久而久之，他们便能解释《圣经》，于是在部落里很有地位。这样“有闲”的学者是怎样生活的？在犹太社区暴富的时候，社区只给他们一碗饭，让他们能吃饱。在社区最困难的时候，大家都吃不饱，甚至面临饿死的威胁，可社区依然要给抄写《圣经》的人一碗饭，让他们吃饱，以便饥荒后存活下来的犹太人能继续享受祖先积累的文明知识。这就是知识分子“铁饭碗”的历史来源。也就是说，因为铁饭碗，他们与社会有某种程度的隔绝，富贵不能淫，威武不能屈。他们不为财富而生活，不为财富而折腰，靠传承文化的理念活着。这样的人受整个犹太社区尊重。在犹太人知识分子那里，没有“学而优则仕”，更没有所谓“书中自有黄金屋，书中自有颜如玉”。所以，世界上的大学问家，包括马克思和爱因斯坦在内，犹太人居多。犹太知识分子独立，所以思想的触角没有禁区，左中右的大学问家都有。犹太人出色，今天的美国对外政策几乎被犹太人控制住了。非如此，无法解释美国的中东政策。犹太人有这么大的影响力，他们知识分子的理想主义精神功居第一。有了这样的教师，就有了这样的文化，就有了人数极少却这样成功的民族。

在美国社会里，犹太人的比例不足 2%，但他们出色、抱团，在美国大学里占主导地位，是规则的制定者。在美国当政治学教授要经历什么训练呢？4 年的大学，2 年的职业训练（硕士），或许还有若干年的工作经历，然后是 6～8 年的博士。但这么久了还拿不到铁饭碗，也就是终身教职。大学教职任上还要再考验 6～7 年。四十几五十岁了，早已生儿育女，一心一意追求知识的理念经受住了考验，再不认为自己的工作就是挣钱，这时候才能挣到宝贵的铁饭碗，享受一种“知识分子”的生活方式，也享受社会平均水平的工资。因为教授是这样培养出来的，理想主义在美国代代相传，美国成为世界上理想主义势力最强大的地方，或者说，在那里的老百姓中，“天真无邪”的人口比例最大。美国的成功与理想主义，与大学、与理想主义的大学教授密切相关。如果我们对今天的青年不满，那是我们这代人的责任。青年们相信什么，那是因为成年人让他们相信什么。我这代人的青年时期正值“思想解放”，想法非常不同，不像美国社会里有个天下一统的“社会主流价值观”。所以，你们的思想也非常庞杂。我在这里说的话，当然只代表我自己。但是你们年轻人的思想，是“成年人”思想的折射。

我来概括一下。为什么大学的重要内容是鼓励青年有理想，鼓励集体主义？第一，没有理想主义就没有社会进步；第二，没有理想主义就没有精英和英雄；第三，没有理想主义就没有理想的青年，没有我国理想的未来。

# 乡土中国与文化自觉*

## 一

“乡土中国”大体等同于“传统中国”。而“文化自觉”则企图唤醒人们对我国传统文化“根”的意识。这便是本次会议的主题了。对此，我举双手赞成。

自1840年后，赞美西方文明、贬抑本土文明的国人，从涓涓细流渐变成声势浩大的主流。五四运动是大规模“西化”的号角。从那以后，“孔家店”成了知识界集中攻击的对象。终于，孔先生的偶像轰然坍塌，德先生取而代之，被顶礼膜拜为新偶像。世界各大文明，臭骂自己祖宗几百代的就只有中国一家。若非20世纪70年代初的“批林批孔”运动，人民共和国建立后出

---

* 本文是2006年6月21日作者在中国文化论坛（地点：北京西山）上的演讲。

生的人，多数知道马克思和华盛顿，却不知孔子和四书五经。几十年里，连小学生都熟知我国传统文明的所谓“专制、无耻、腐朽”。到了改革开放时代，对西方共产党文明的赞美逐渐演变成对西欧、北美资本主义文明的赞美。西方的东方日落西山了，西方的西方成了我国知识界冉冉升起的“红太阳”。华庙里依旧供着德先生偶像，只是性别变了，一度改称“女神”，而今又变成“普适”的中性。德先生的经原是包括财产权在内的“一切权力归人民”，德女士的新经是自由（竞争）加选举，而德普适的新新经就只剩下鼓吹定期直选最高领导人了。照着新新经，一切“好东西”到来的前提，在于每四五年由（中产的）“市民们”直接普选一次“皇上”。

没人试图否认我国向西方学习的成就。正如我国古代引入印度佛教的成就是巨大的，我国近代以来向西方和日本学习的成就也是巨大的。地球人的五分之一到四分之一，在中华人民共和国的旗帜下，以“现代化”的名义，向着西方的“现代”坚决挺进，艰难曲折地赢回着中华民族失去了百年的尊严。在以往近六十年里，我们学了三十年西方的东方，又学了三十年西方的西方。

从 20 世纪 80 年代末到 90 年代初，西方人预言我国行将崩溃，这话题正合着我国知识界当时流行的悲观主义。可不过两三年后，西方人突然改口热议中国的“崛起”，而且断言我国文明对西方文明构成了巨大“威胁”。这并不是几个傻瓜在信口开河。在 21 世纪初，对付这种“中国威胁”，已是西洋大庙的方丈处心积虑，唯此为大的事了。我国主流知识界一直致力传播西学，这话题的变化令大家瞠目结舌，一时还反应不过来，就对这话题不断地鸡吵鹅斗。不出预料，我国“公共知识分子”们以强烈的“自我批评”精神，断言“威胁论”来自我们自己，是我们自己整形不彻底，长得还不大像西洋人，所以惹得“友邦惊诧”了。

据说，我们还生活在“专制”之中，对德普适的礼拜还没像在西方的西方那样成为“生活方式”。所以，我国“形象不佳”，不被“国际社会”接受，拿不到国际上层社会俱乐部的会员卡。所以，国人还穷，拿美元一过秤，穷得只剩下西方人收入的零头。所以，社会还处于病态：贪污腐败、见利忘义、媚上欺下、坑蒙拐骗，甚至见死不救，简直没个西方初级“现代社会”的模样。所以，我国缺少像西方那样的高科技，缺少普及的高中教育，缺少高质量的大学教育。所以，尽管我国身躯庞大，却属于食草动物，长不出西方国家那种食肉的利齿，只能位于现代世界食物链的末端。正所谓，不礼拜德普适，谈何“崛起”?

于是，有些个信新新教的，以普建德某大庙为己任，要政府从农村做起，从农村基层做起，搞“海选”，然后层层升高至海选总理。他们把那乡土中国搅得乌烟瘴气，却还嘴硬，说是农民被“启”而“蒙”之要有个“痛苦的过程”。既然中国农民拜神要讲实惠，“启蒙的”就说德女士或者德普适是个“好东西”。可农民们不傻，为啥“相对多数决”是个“好东西”? 你得说清楚，得拿收成说话，拿我荷包里增几多银两说事儿。

这赚钱与修德庙本非一档子事情。西洋人赚钱抢钱的鬼点子比自耕自食出身的中国人多多了，而今人家定下的新局是“资本运作”。你流血流汗制造无数多的好东西，不知咋的，人家按几秒钟键盘，你的钱就合理合法地“运作”到人家荷包里去了，然后还说你落后无脑。

于是，又有个别不信新新教的，冒天下之大不韪，说破那洋神仙的衣服。说孔先生以及德某人同贫穷或富裕没啥干系；说那德神明本来不司掌腐败不腐败，道德不道德，高科技还是低科技，或者小学、中学、大学之类的事；又说那德某也无关人嘴里长食荤还是吃素的牙。

然而，出乎知识分子们的预料，国人突然发疯般地迷上了“专制、无耻、腐朽”的大清朝，电视上没日没夜都有脑后拖着辫子的人在眼前晃悠。这些个古装剧含沙射影地教导我们的政府如何“以民为本”，讲那“载舟覆舟”“天听自我民听，天视自我民视”的道理。这股子复古热一路升温，烧到了大明、大唐、大汉朝，一直烧到了春秋战国。连那只剩下半壁江山的宋朝都有赞的。文庙恢复了香火，电视上讲《论语》的拉跑了德庙的门生，青砖灰瓦四合院、明朝的桌椅板凳瓷碗夜壶都成了高贵的象征。孩子们开始背诵“大学之道，在明明德，在亲民，在止于至善”。我还亲眼见过一队孩子齐声高歌：“大道之行也，天下为公。选贤与能，讲信修睦，故人不独亲其亲，不独子其子。”

“礼失求诸野。”那对洋菩萨冷漠的乡下老百姓，那每天看电视剧的芸芸众生，都是“野”，他们为这失去“礼”的时代指了条出路，那就是深植在我们几千年世俗文明中的“根”。因为这

“根”还在，不管“公共知识分子”们信奉哪尊神，中国老百姓心中有杆公平正义的秤：炸清真寺去建德某庙的肯定是强盗，无论他打哪儿弄来那老多“鸡的屁”、高科技。拜德某的强盗也是强盗。当然，要去美国定居的依然排大队，合法的、非法的，反正就是想去。甭拿这说事儿。你能抢人一大块两洋间的肥地，靠奴隶掘到第一桶金，我一个“自由平等的人”，咋就不能也去那地界过日子赚钱人道主义一把？天下是天下人的天下。这中华的“天下观”可是早于什么“民族国家”或者“欧盟”的。早年非洲的黑人们蜂拥着非法去南非，为的是多挣钱过好日子，并不是去拜南非版的德庙，更不是去支持种族隔离制度。德庙遍地都有，至于为啥你那儿多银，道理讲满一箩筐也还轮不到讲那德庙。

原来，简化了的汉字并不是拼音文字，还是象形的中国方块字，仍是世界独此一家。原来，“西化”了快一个世纪，中国人还是中国人，还不属于“西方文明”，倒成了西方文明最大的“竞争对手”了。原来，我们的成功，从来就不是只靠洋菩萨。学了中国佛教，日本和尚还是日本和尚，不是中国和尚。禅宗来自印度佛教，却并非印度佛教。古佛教在印度早就死了，中国的禅宗还活得很滋润。列宁大概不如伯恩施坦更了解马克思，毛泽东大概不如王明更忠实于列宁和斯大林。可那又怎么样呢？中国的“马克思”们并不是德国或者英国的马克思，中国共产党也不是苏联东欧的共产党。不是又怎样？不是就不是，不是很好，好得很。我们中国老百姓见神就拜，无论是哪国的神。要是水土不服让国人拉稀的，不管谁说是“好东西”，我们作个揖，说拜拜。“敬鬼神而远之”，认现世，不谈来世，这就是顶天立地的中国人。

中国革命百年之后，我们终于对本土文明有了自觉：那是我们的根、我们的本，是我们赖以生存的基础。正是在以往三千年宏大文明的基础上，我们有足够的魄力去自由地吸收全世界各种文明的养料，从而自成一家。正是因为有了这宏大的文明，我们能舍弃那日本“和魂洋才”式的“体用”之争，潇洒地奉行“古为今用，洋为中用”。而今，我们仍在谦虚地学习，中国学子遍布全球每个角落，正所谓“周虽旧邦，其命维新”。可说到底，“万变不离其宗”，这百年来繁茂的枝叶都来自我们博大的根，根深才有叶茂。有些食洋不化的知识分子数典忘祖，愣说我们自己的根是“沉重的包袱”，要死要活地拔着自己的头发离开脚底下这块热土，离开自己的根。可挖了自己的根，我们不会成为洋龙，只会变成洋跳蚤。这根被一些知识分子们挖了一百年，愣是没被挖掉。我看，再挖一百年也是白瞎，只会再多生几只从白宫后门挤进去献媚的不土不洋的跳蚤而已。

## 二

大家都说我们自己有本土文化，它的核心价值是什么东西？那就要求回答几个问题。第一，什么是文化？第二，什么是中国的乡土文化？第三，什么叫作文化自觉，为什么叫文化自觉？第四，我们的文化与外国的文化不同在哪儿，即文化的核心是什么？第五，究竟什么构成我们自己文化的核心价值？

第一个问题，什么是文化？文化是两个要素：第一个是身份认同，我们与你们不同，男人文化和女人文化不同，因为我认为我是男人。第二个是行为准则的不同，也就是由身份认同而来的行为准则的不同。因为我是官员，我就不是商人，我就不是教师，我也不是学生，可是官员如果又认为自己是官员，又认为自己是商人，又认为自己是学生，那整个官场的纲常就乱了，行为准则就乱了。

第二个问题，什么是中国的乡土文化？我们说其实不是乡土文化，其实就是中国文化。昨天黄平讲得也很清楚，就是中国文化。那么我们昨天讨论“礼失求诸野”，我们去寻根，我们的文化从农村来，所以我们说乡土文化也是中国文化的根，当然你还可以求诸日本、韩国以及我国的台湾、香港。

第三个问题，为什么要文化自觉？因为我们身份不同啊，行为准则不同啊。于是我们接下来就说了，我们的文化不同在哪儿啊？于是我们就说了，仁义礼智信啊。我记得当年我读书的时候，读西塞罗，一位古罗马的思想家。西塞罗在《论法律》里说的东西我当时记下来了，书中说核心社会的核心价值是什么？我一归纳就是仁义礼智信。坏了，人家有。接着我们说，中庸之道的“致中和”人家没有吧？人家说，有，犹太文化里面就有。接着我们说，那以伦理家庭之道来治国，该是中国独有了吧？问题是今天咱们恢复这一套东西，咱三世同堂，咱搞家族治国这一套，咱们要恢复的是这一套东西吗？肯定不是，没前途。

因此我就接下来提出第四个问题，文化的核心到底是什么？我认为文化的核心在于政治文化，文明的核心是政治文明。由此就导致了我对第五个问题的回答。我们文化的核心价值，第一叫作民本主义，与民主主义不一样。万世一系的民本主义，从《尚书·五子之歌》开始，“民惟邦本，本固邦宁”，一直到今天的“为人民服务”。第二叫作对政府的看法、对选官制度的看法。我们支持中立的、通过考评选拔优秀人才的制度，反对强权政治，代表利益集团，即谁的势力强就能掌握政府的权力，代表和促进自己集团的利益。

# “西学东渐”四百年*

我们北大中国与世界研究中心赞助了北大研究生会的学术论坛。今年是第一届，主题是“西学东渐”。在我国，北京大学是西学东渐的重镇，我们中心的同仁希望研究生们能研究这个现象，继承北大重视西学东渐的传统，把这传统发扬光大。我今天讲三个问题：第一，西学东渐的时代轮廓；第二，西学东渐的种类及对中国的影响；第三，西学的消化与持续的对外开放。

## 一、西学东渐的时代轮廓

说到西学东渐，我们不会追溯到东汉时传进来的佛教，也不会追溯到唐代进来的伊斯兰教。西学东渐，我们通常指的是西方

---

* 本文是 2008 年 4 月 19 日作者在北京大学研究生会首届德赛论坛上的演讲。

“近代的”学问进入中国。在这方面，我们大概会追溯到明朝后期来华传教的利玛窦（Matteo Ricci，1552—1610），他带来了西方一些初步的数学、地理学、天文学知识。利玛窦不算是个很有学问的人。但自他向教廷汇报了基督教进入中国的情况，西方传教士便纷纷来华，开启了西学东渐的风气。若从利玛窦 1582 年进入中国算起，西学东渐已有 426 年了。利玛窦来华是西方近代史刚刚开始的那段时期。（要知道，牛顿 1643 年才出生，1727 年逝世，去年才是牛顿逝世 280 周年。）

通常认为，中国近代史的开端比西方要晚两个世纪，一般从 1840 年鸦片战争开始算起。此后，西学如涓涓细流，开始全面渗入我国人民的生活，比如武器的知识，地理的知识，工厂的知识，邮政、电报、警察的知识，等等。我国的“近代”史开始得晚，却结束得早，只有六七十年。

自 20 世纪以后，或最晚从中华民国建立之初，我们就改称“现代”。在 20 世纪，西学如潮水般涌入中国，而且中国的现代史与西方的现代史是纠缠在一起的。中西方的学问混在一起了，比如“中国特色的社会主义市场经济”。

自 21 世纪开始，中国与西方便再也分不开了，中国的学问与西方的学问已经是分分秒秒都在密切联系着。

对很多西方人而言，已经颇不耐烦地看着中国，纳闷中国怎么还没有彻底西化？对有些中国人而言，也盼着中国早日变成另外一个欧洲或者美国，至少是在羡慕它们的生存方式。如果我们的生活方式和社会管理方式还没有西化，就认为西学东渐还不够，还需在我国大众里进一步“启蒙”。我自己常把今天的“启蒙”派称为“蒙人”派。这些“蒙人”派有些西学知识，但很有限，鹦鹉学舌而已。

## 二、西学东渐的类别和影响

所谓西学东渐，大概可以分成三类学问。第一类是自然科学，第二类是经济学，第三类是人文宗教和社会科学。当然，经济学是社会科学的一部分，但这门学问在西学东渐过程中占有特殊的地位，所以要单独说。

第一类是自然科学知识。就自然科学而言，中国接受得极快，也非常自然。毕竟，中国自古就是个世俗的国家，更何况“科学救国”是我们第一代科学家的信念，坚船利炮是我们一直的向往，再加上“学好数理化，走遍天下都不怕”的口号与早年“书中自有黄金屋，书中自有颜如玉”颇有几分类似。西方近现代科学知识的传播，对我国的进步是至关重要的。人脑一旦开启了科学的窍门，进步是当然的。语言需要翻译，而科学语言几乎不需要翻译。我们北大以宣扬（自然）科学精神的重镇自诩，但普及现代自然科学显然不是北大之功。赛先生不是北大捧起来的，是自己走红全中国的。若说当代中国的科学精神还不足够，烧香拜佛祭祀鬼神乃至888、666等数字迷信搞到楼层都数不清，当然也是有道理。我国官府里的人科学精神不够，自己去庙里抽签拜佛不说，连奥运开幕都要选888之类对洋人来说莫名其妙的数字，说明科学精神的普及还需时日，然而，并不十分落后。我们接受自然科学并不很困难，却是事实。需要警惕的倒是有些人非要把科技发展与当代某类特指的社会管理制度联系起来，那既不符合历史事实，也不科学，多半是蒙人之说。

第二类是经济知识。“经济”一词，源于日本汉译英文词 economy，取自中国“经世济民”一词。因为资源有限，人欲无穷，就要去管理有限的资源，满足人的欲望，这就是“经世济民”了。经济还有要有利润、要节省的意思。在中国的农业社会，因为手工业和商业比较发达，使用钞票很早，而且对“信用”有不错的理解，古代更有“损有余而补不足”的“常平仓”制度。但欧洲藉科技之力把人类带入工商社会后，一切都“经济”化了。资本成了衡量一切的标准，一切都有价，文化、信息甚至舆论都商业化了。人类成了经济动物。科学所激发的人类理性化助长了对金钱的贪婪。贪婪就是理性，理性就是贪婪。如此，获取金钱的规矩也越来越多，越来越复杂。这就是工商社会的科学化。关于工商社会的科学知识比起简单的农耕社会的经济知识要复杂得多。仅仅国际金融和国际贸易的知识就需要修很多课程，更不用说复杂的会计制度和国民经济的核算了。然而，这类知识也不难学习，不难在需要的人群中普及，因为这是工商社会的要求。真正需要警惕的是，经济的知识并不仅是市场的知识，而且是道义经济的知识。人不仅是追逐利益的经济动物，而且需要安全，安全是道义。中国古典经济学中不乏对道义的理解，也可说是古代的政治经济学。正因为如此，我国称为中国特色的社会主义市场经济。

从某种意义上讲，自西学东渐以后，我国尽管在学习现代工商业的复杂规则，但在经济知识的理解方面大概不算落后。总有些人认为我们经济思想保守，不似欧美那样“自由开放”。但事实证明，我们的稳健是有道理的，特别是当美国经济过度证券化的大泡沫面临崩溃危险时，我们更清楚地认识到了这一点。有一点是肯定的，保持经济的良好态势比得诺贝尔经济学奖要重要得多。我猜想，经济学知识的中国化已经到产生的临界点了。中国将以自己对经济的独特理解为世界的经济知识做出重大贡献。换言之，我们并不很落后。

第三类是人文宗教和社会科学知识。利玛窦来华的基本任务是传播天主教。基督教的信徒们似乎相信，当福音传遍地球的每个角落，上帝将回来做王统治世界，而基督统治的世界是人类幸福解放的希望。利玛窦没有成功。其中很重要的原因之一是基督教本身在西方没落了，代之而起的是文艺复兴以来的人文精神。西方的人文精神其实就是人道精神，也是理性的精神，是对中世纪基督教统治的革命。西方的启蒙运动就有中国因素在起作用。这种人文精神在世俗的我国天然有市场、有共鸣，无须什么革命运动。在 1500 年之后的百年之内，欧洲烧死了好几万名“女巫”。其中的“思想犯”其实很少，绝大多数不过是性感美女。在教会文化的禁欲和无知之下，当时欧洲男人们受不了那种天然诱惑，就眼不见为净，一烧了之。到了 1600 年左右，文艺复兴改变了人的审美观。而今全世界的人们都喜欢美女的感性和性感形象，商业、政治，甚至征兵，都用美乳丰臀的性感来打广告，直接诉诸人本能。中国则在唐朝还流行女人低胸服饰，丰满之外，还要健康到“骑马过宫门”。可到了公元10—13世纪的宋朝，儒文化熏陶下的中国男人长期打架打不过长城外面来的男人，就关起门来专女人的政，三从四德之外还玩起了女人的“三寸金莲”，搞小脚。

欧洲的文艺复兴有若干原因。在文艺复兴从14世纪的意大利扩散到全欧洲的将近四百年里，欧洲发生了四件事。第一是基督教会的贪污腐朽，引发了宗教改革运动。第二是多次发生大瘟疫，最大的一次曾使欧洲人口下降50%以上，引发了公众对“公共卫生”知识的需求，刺激了科学技术的发展，也引起政治体制变革。第三是短命的蒙古帝国打通了东西方的交流通道，东方的财富和先进技术诱惑了冒险家和商人。第四当然是地理大发现和疯狂的殖民运动，造就了新大陆上的新国家，也带来了惊人的新财富。于是，西方的人文精神以理性、自由、民主、人权、世俗化之类的概念为核心。中国人也天然喜欢这些概念，但因为背景条件不同，理解也不同，应用起来更是深具“中国特色”。佛教传入中国，中国人用了三四百年才消化了，变为本土的宗教，而且也远未弄成一统天下，只是儒释道和谐共处。而今，没有佛教的中华文化是不可想象的。然而，佛教在印度已没落，而且中国佛教与当初的印度佛教也是大相径庭了。这是世界上人文知识交融的重大成功。利玛窦意识到了这一点，他企图把基督教本土化，并与儒学结合起来。但教廷反对他，直到今天也不认错，至今还拒绝给利玛窦封圣，反倒给弄虚作假的特蕾莎修女封了圣。这说明，人文知识西学东渐的最要紧处在于知识的本土化，最要不得的是教条主义，拿西方的知识当圣旨，当所谓绝对的“普世价值”。马克思主义也是一样的。我们拿 1848 年的理论当圣旨，指导中国的革命或者改革，不可能成功。

那么社科知识如何呢？与近代自然科学不同，社会科学在西方的历史也不长，大多数社会科学门类的所谓科学化其实是两次世界大战以后的事情。照说，我们接受起来并不难。然而，社会科学迄今还难以摆脱文化立场和人文偏见。西学东渐的社会科学不如自然科学易被接受，有三大原因：第一，我国社会科学工作者的科学精神不够强，也可以说大环境不太有利于社会科学工作者的科学精神，人文传统太过浓厚。第二，西方社会科学本身浸染的人文立场使我们意识到其科学性的问题，促成了抵制情绪。第三，单靠理性本身，社会无法生存，因为社会是由人组成的。而自文艺复兴以来的理性似乎走过了头，特别是西方的逻辑二元论引发了中国人深深的疑虑。我们习惯于中庸。因此，类似于人文，我国社会科学也有本土化的问题，虽然不似人文类那么强烈。

## 三、西学的消化与持续的开放

当 Buddha 被译成“佛”，本土化就开始了。当 democracy 被译成“民主”，本土化也开始了。印度的 Buddha 不加上中国的道家的内容，不附上儒家的理念，就成不了“佛”。而西方的democracy，若坚持“多数决”的本真教条，不与中国的民本主义相联系，就不会成为在中国有前途的“民主”。我们有自然科学知识的全球化、某种程度的经济知识的全球化，也有一定社会科学知识的全球化。但在人文知识领域，我们的主要任务依然是本土化。尽管当今还有不少人坚持，西方的人文知识就是我们和全人类都应遵循的“普世价值”，我们的价值观应当西方化，不过，在我看来，谁化谁还说不定呢。我相信，在人文领域，只有中国本土的才是世界的。即便退一步，我会说，多元混合的本土文化从来就是中华文明的活力所在。看到今天西方社会在“西藏问题”上的歇斯底里，我笑了，那已经不是个开放大气的文明。他们被自己内心的种族歧视、强权恐惧、还有一点嫉妒所征服，宁愿相信自己制造的幻想。他们举着文艺复兴时代的旗帜，自以为在对付一个类似欧洲中世纪教廷的中国。他们自以为是伟大的骑士，代表着人类文明的顶点，举着长矛冲向了中国这部大风车。

我有个学生写到：奥运期间，北京将会有不少西方人来闹场，要给中国难堪。我们该希望看到的是，闹事者在马路这边抗议，中国的百姓在马路那边看奥运喝啤酒打麻将，把抗议者当成空气一样晾在那里。要是真的这个场景出现了，那一刻我们才是真正的文明大国。

以西藏为借口打压中国是小事，奥运会也是小事，持续的西学东渐是大事。我有个梦：有一天，我国出台移民法，把现在的Border Control 即出入境管理局，改称 Immigration 即移民局。

以我国公民自由出国定居为条件，欢迎全世界的人民来我国定居。有一天，出生在外国的归化公民也有机会担任我国的外交部长。有一天，我国的北京也如古希腊的雅典、唐代的长安，或者今日的美国，成为世界各地人民求知的中心。

当今，威胁这个信念的主要障碍不是国人保守封闭，而是把西方的人文价值奉若神明的思潮。危险来自中国的洋教条主义者，他们企图在中国复制一个西方的狭隘的世俗宗教。这个洋宗教冒犯了伊斯兰文明，羞辱了斯拉夫文明，也使相当一部分中华知识分子感到压抑。

有一个信念在支撑我们的梦想，这就是外来人文知识的本土化。一个凝聚了已知世界的多元文明，并成功将其本土化的时代，就是大唐盛世的时代。当今的中国是开放的，不仅对西方开放，而且对全世界开放。我们不再是“中学为体，西学为用”，日本的“和魂洋才”也显小气了。我们的信念是，“古为今用，洋为中用”。没有这个气概，我们就不会有中华人民共和国，不会有中国共产党，也不会有“中国特色的社会主义道路”。

# 谈“中国学派”*

## 一

中华文明庞大而特殊，正在突破种种障碍崛起于全球，“中国学派”也将随之成为全球思想领域里的一股新风、新潮流。

什么是“中国学派”？主要受中国特殊性的启发，在社科人文各学科里对已有知识做出具有突破性的贡献，就是“中国学派”。了解外国社会和在外国形成的现有社科人文知识体系，理解中国社会不同于外国社会的特殊性，是创立“中国学派”的两大必要前提。“中国学派”不是中国人的学派，不局限于中国学者的贡献，却必定要求对“中国特殊性”有深刻理解。

---

* 本文原载《经济导刊》2017年11月刊，删改稿原载2017年9月24日的《人民日报》。

自然科学知识有公认的硬标准，所以不会有“中国学派”。社科与人文紧密相连，以各种不同的语言为媒介，与本地流行的价值排序相连，而且研究对象处于不断变化中，所以社科人文知识的进步有很强的相对性，会出现众多“学派”。

到目前为止，现有的社科人文知识大多由西方学者从西方视角甚至站在西方立场上创造，并经常被理解为“普适”，甚至终极“真理”。然而，知识没有终结或边界限制。知识由人脑发明的一些概念体系构成。在物理学，对物质、空间、时间、运动等基本概念的重新定义，导致了人类认识的飞跃。因为观察手段的进步，学者们不断发现已有知识不能解释的问题，通过发明新概念或重新定义旧概念来突破已有的知识框架，创造新知识，为人类提供更丰富的想象力和更多的启发。

## 二

无论关于自然还是社会的知识，知识的突破性进步主要在于发现“例外”。忽视甚至蔑视“例外”是思想封闭的表征，有这种习惯的学人往往缺乏创造性。

如果认为现存的家庭组织方式是理所当然的，发现在泸沽湖畔摩梭人的例外生活会导致颠覆性的认识，极大丰富关于家庭的知识。观察世界上最不发达的国家，往往看到地处内陆、位于山地高原、远离交通要道，而且多语言、多宗教、多民族。但如果认真研究瑞士，会发现这个世界上最富裕发达的国家具备全部上述六大不利条件。这个“例外”启发我们去理解为什么西非沿海国家成为世界上最不发达的地区，也有助于理解我国西部地区的发展。

对世界知识而言，中国不仅有太多的“例外”，而且其存在本身就是个巨大的“例外”——差异巨大的各地人民早就在一个政府领导下生活，避免了彼此间频繁的战争。中国的“例外”来自地理意义上的相对封闭，所以文明发展进程相对独立。全世界都使用字母文字，中国却至今还使用象形文字。两种文字的构造方式很不同，也体现不大相同的思维方式。

中国的“例外”意味着巨大的知识潜力。仅举下面三个例子加以说明。

当代西方经济学强调，市场机制配置经济要素的效率高于政府干预。市场机制与政府干预的两分是知识基础，生产效率是核心。但中国自古就认为，经济是“经世济民”的道理和方法，市场机制和政府干预都是增进民众福祉的手段。干预还是不干预，关键要看民意。失去民众的信任和支持，怎么做都会导致灾难。如此看来，排除了社会和政治的经济学根本不属于社会科学；排除了社会和政治的市场机制也不可能存在。劳动者是政府必须要获得的民心或者选票；土地资源不能再生就必须防范私人集中垄断；而纸币根本就是政府担保的欠条，靠货币政策调节。较之资本利益至上的主义，社会利益至上的主义更符合中国民本主义思想传统。“因民之所利而利之。”从两千多年前开始，中国的执政者就尊重市场机制但从不迷信市场机制，为了大众利益而积极调控市场。从“常平仓”到“盐铁官营”，再到土地“公有私用”，都是中华文明经济社会传统的体现。

由于存在稳固的社会集团，比如种姓、阶级，一些社会分成上、中、下层，形成截然不同的文化，“贵族”就成为统治阶级。从古希腊时期开始，西方学者就把阶级区分与阶级斗争视为政治生活的核心。西方强调关于阶级斗争的制度解决方案，遂有“一人之治”“多人之治”“众人之治”的区分。而中国人分家时是平分家产，几代之后大地主就消失了，很难形成稳固的阶级统治和统治阶级文化，于是有了天命观——“天视自我民视，天听自我民听”，有了科举制及更早的“选贤与能”思想，有“王侯将相宁有种乎”的意识，有“民惟邦本，本固邦宁”的民本思想和讲究“为人民服务”的儒门弟子执政集团。中国的社会不同，政治也不同。耶稣会士利玛窦明末来华传教，发现中国政府既非一人之治，亦非多人之治，也非众人之治，但又似乎每样都有一些，所以倍感困惑。受中国特殊情形启发，放眼世界，可以发现欧洲经验也是一种地方经验。产生于欧洲的“政党”，本意是某一部分社会群体的政治代表，美国其实没有那种政党——美国的党连党员都没有，中国也没有欧洲那种政党——中国共产党自诞生之日起，就是要为全体百姓福祉而努力奋斗的。中国文化不接受“以众凌寡”，数人头的竞选制被看作强权政治，西方那种我投了你的反对票，当然不肯被你“代表”，就成为不服从治理的显著理由。

“法律”在欧洲被称为“law”，有两层含义。其第一层意思是神的权威，如上帝与摩西的“十诫”之约。第二层意思是自然规律，如物理学里的定律也是“law”。因而遵守法律本身就是服从神圣、服从自然规律，就是道德的，而不遵守法律就是不道德的。中文的“法律”不过是一种“办法”，功能是“无规矩不成方圆”。所以，法律既不神圣，也不自然。中国的道德以家庭伦理为核心，与神无关，与法律也没什么关系。与西方传统不同，中国古代实行礼法合治，主张德主刑辅。法主要是指刑法，所谓“礼之所去，刑之所取”。中国的先哲认为，礼和法都是治国所必需的，因为礼是防患于未然的道德引导，让民众在生活中有所遵循；而法是在极少数人突破道德底线后，迫不得已而采用的强制手段。于是中国历来有“法治与德治”之分，而无“法治与人治”之分。这个“例外”从根本上挑战西来的法律知识，也有助于理解很多非西方的社会。

## 三

“中国学派”的崛起也面临若干不利因素。第一个不利因素是语言障碍。我国学者大都习惯于通过译著理解国外学者的思想，直接阅读外文著作的偏少，这就导致学习和借鉴国外社科人文知识存在一定障碍。中国学者的思想欲为国外学界所知就更难，因为从中文翻译成外文不仅成本巨大，而且难以十分准确，如翻译小说《红楼梦》主角的名字“贾宝玉”就是个难题。第二个不利因素是“洋八股”流行，仰视几乎一切西方观点。第三个不利因素是“官八股”盛行，突破已有的概念体系常成为禁忌。

三大不利因素都是可以克服的。在可见的将来，人工智能或许会消除大量的语言障碍。所以我对“中国学派”的崛起持乐观态度。

# 社科博士论文及文风[*]

程多闻博士执教后的第一本著作面世了，可喜可贺。

这本书的原型是作者 2015 年在北大国际关系学院通过的博士论文。论文比较了日韩两国的劳资关系，解释了为什么韩国劳资关系比较紧张而日本劳资关系比较和睦。本篇论文获得了本院年度最佳博士论文奖。

博士论文与面向读者的书籍有两点不同。首先，论文是为答辩委员会考核通过而作，需要很大篇幅做文献回顾，因为答辩委员会的重要职责之一是考查学生是否了解已有的理论及其积累过程。但成书时读者要求阅读流畅、直截了当，这就需要简化文献回顾，由注解替代。其次，由于毕业时间限制，博士论文通常比较粗糙，而成书出版时可以比较从容地精雕细琢其结构、语言，

* 本文是《冲突与协调：日韩两国劳资关系变迁的比较研究》一书的序，写于 2017 年 11 月。

甚至结论。

通过回顾两国劳资关系史，此书不仅提出了有趣的问题，而且得出和仔细论证了颇有新意的结论：劳动力商品化程度和不同的工会路线是塑造日韩劳资关系差异的两大要素。劳动力商品化程度越高，劳资冲突的可能性越大；劳动力商品化程度越低，劳资冲突的可能性就越小。全国工会占主导地位往往使劳资关系政治化，进而导致劳资冲突激化；而企业工会占主导地位往往使劳资关系去政治化，从而使劳资冲突得以缓和。该书的结论对于思考市场在要素分配中的地位、现代政治中政党竞争的作用等重大问题具有重要的启示。

研究劳资关系在未来是有广阔前途的。在第二产业主导的时代，人类的生活方式、生产者间的关系、法律制度以及社会价值观等诸方面都与第一产业主导的时代有明显不同。第三产业主导的时代与第二产业主导的时代也会有明显不同。生产的方式和内容变了，生产者间的关系也会随之变化。这是历史唯物主义给我们的启示。

跟随 18 世纪英国的脚步，19 世纪是欧洲的世纪，全欧洲和美国在一个世纪里完成了工业化。制造业的新型雇佣关系催生了日渐紧张的劳资关系，催生了社会革命，催生了欧洲社会主义运动和一系列政治和法律制度变革。此外，欧美率先完成工业化及其国内的剧变还导致了欧美对世界其他地区的巨大优势，导致了两次世界大战，并催生了激烈的国际共产主义运动和民族解放运动。有理由认为，第三产业主导的时代也正在带来巨大变化。率先完成产业升级的欧美已经陷入资本全球化运动与反资本全球化运动的政治漩涡，陷入落后地区尚难理解的“后工业时代”的种种社会冲突。风起云涌之际，落后地区更可能是利弊输出的最大对象，从而引发严重冲突，从各种各样的原教旨主义和本土文化复兴运动中我们能够观察到这一现象。我国既有庞大的制造业也有庞大先进的服务业，骤然跃上世界舞台的中国使第三产业时代的问题更复杂有趣。

全世界的大学都明文要求博士论文在本研究领域有所创新，所以成书出版的博士论文是学术进步最强大的生力军。应该指出，缺少出版价值的博士论文等同于失败的博士论文。我热切期待我国所有的社会科学博士论文都有新意，都有出版价值。我自己在博士毕业之际曾问导师裴宜理，为什么她这么用心指导博士论文。她回答说：“在一段时间里，一个教授只能写一本书，但十个博士就可能写十本书。”的确，培养知识的创造者是大学的职责，也是教师职业快乐的源泉。

我国当今培养的社会科学博士很多，但博士论文具有出版价值的却很少。这个现象违背了博士计划的培养目标。和传统的科举入仕不同，在注重知识积累的现代社会，博士不是通用的“高级人才”，而是“学术人才”，即科研和教育人才。博士教育是种特殊的职业教育，引向一种只需要很少人的职业生涯，而能够出版的博士论文是这一职业生涯中的重要组成部分。

多闻这本书就一个有趣的复杂疑问得出了简单、清晰、能被记住的新鲜结论。这是重要的学术成就。把简单问题复杂化叫作

“以其昏昏使人昭昭”；让复杂问题依旧复杂叫作“复述”；把复杂问题简化了才称为“学术”。但这本书在语言表达上仍散发出“学生气”，观点表述不够简洁，有晦涩的词加外语格调的长句子，还有些形式主义的、多余的论证，这就让此书显得复杂、欠流畅、欠通俗。当然，书面语言的熟练程度与作者年龄有关，但“学生气”的写作风格在我国学界普遍存在。

用朴素文风讲解学术问题，让深奥成为浅显，去除华而不实的形式和“洋泾浜”翻译的腔调，已是我国社科人文界的迫切问题。我国废文言而兴白话，史称“新文化运动”，是文化进步的重要原因。从拉丁文变为流畅的本土英文，从英文变为流畅的本土美语，是英国和美国相继强大的重要原因。使用大众语言表述出色的思想，骨子里就透着从束缚中解放的自信。

谨以此序祝愿程多闻博士此后获得更大的学术成就。

# 三、社会主义

# 中国的社会主义*

各位同事，首先在此恭贺中华文化学院建院 20 周年。

今天我发言的主题是“中国的社会主义”。过好社会主义理论关，对中国共产党，对我党领导的中国各种社会组织，对人类文明的进步，一直是个重大课题。社会主义不是虚无空洞的名词，而是中国共产党在建设时期所走道路的名称，是各民主党派和无党派人士之联合党校的名称，即我们今天所在的“中央社会主义学院”。名不正则言不顺，言不顺则事不成。

十来年前我曾在南美洲讲学，期间参加了一次考古界的国际交流活动，与中国社会科学院考古所的所长和副所长、德国考古学家、秘鲁考古学家，一起考察了一个重要的印第安人古文明遗址，包括神庙和居住区。当时我提了个问题：这个部落每年大概

---

* 本文是 2017 年 9 月 10 日作者在中华文化学院（中央社会主义学院）举办的“中华文化与马克思主义中国化”高端学术论坛上的演讲稿。

花多大比例的劳动时间盖住房和公共建筑？在场的专家们兴致盎然地做了番推算，结论是：搬运土石、修筑我们看到的各种建筑，大概要用全部劳动时间的三分之一。这个数字让我颇为感慨，全球各地的城市居民今天依然要花大概三分之一的收入用来买房、租房并交税修建公共基础设施。自近代以来，我们认为这种建筑活动应该通过市场进行，让市场来左右住房和基础设施建设的要素，即劳力、资金和土地（及建筑材料）。然而，尽管这样，我们与古代极不发达的社会一样，为自家和公共建筑花去三分之一的劳动时间。在大数据时代，我们可能有比以往好得多的城市规划？在人工智能时代，我们可能有机器人代替大部分建筑劳作？我们能不能不再用三分之一的劳动来修建各种建筑物？在这个时代，市场依旧是最有效的分配住房和公共建筑的方式？

什么是社会主义？社会至上，社会团结至上，就是社会主义；资本至上，资本的利润和效率至上，就是资本主义。资本主义要求个人自由，要求能人的特权，要求承认自私和贫富差距为永恒的必然；而社会主义要求群体的自由，要求以平等求取社会的团结，致力于改变弱肉强食、贫富泾渭分明的社会结构。概言之，资本主义要求尽量发挥人的“本能”，而社会主义要求尽量培育和弘扬“人性”，体现的是古今中外一直有的人文精神。

刚才第一个发言的李君如教授援引了《礼记·礼运》里那段著名的话，后来发言的各位也都提到了这段话。天下为公，不独亲其亲，不独子其子，货力为公，天下大同，就是消灭私有制的共产社会。生活年代稍晚于孔子的柏拉图阐述了“理想国”，今天是西方大学生的必读，其根本含义也是消灭私有制实行共产，让社会因平等而团结。然而，“理想国”是未来，现世严重不平等。于是有了佛教、基督教、伊斯兰教三大宗教，以来世平等的许诺来缓解现世不平等的痛苦。身后与神同在是平等，佛教及印度教的轮回观念也是一种平等。与宗教许诺的来世平等不同，自马克思以降，共产党人誓言在现世就对不平等开战，要带领世界一步步向没有私有制的“理想国”前进。对从资本主义社会到共产主义社会的过渡，共产党人称为“社会主义道路”。

而今，以平等求社会团结的社会主义思想和实践遍及地球所有地区，在广度和深度上蓬勃发展：从种族、族裔、性别的平等，到教育、医疗、养老、住房的平等，再到休闲机会和政治参与的平等。从北美到南美，从欧洲到亚洲、非洲、大洋洲，各个国家里都有强大的势力要求国家通过税收等手段巩固和扩大种种的平等，抗衡“天然”的市场分配机制。这展现了人文精神日渐强大，展现了人类文明的进步，展示了社会主义的光明前途。

什么是“中国的社会主义”？中国的社会主义要求以市场为创造财富的基本手段，以社会主义原则指导财富的分配。

有人会问，这“中国的社会主义”真的存在吗？我举最近十来年发生的五件事做个注脚。（1）从富裕地区向落后地区实行了现价值近百万亿元的转移支付，几乎占我国同期财政收入的一半。那是人类有史以来最大规模的财富快速转移。（2）为牧民定居、山区及高原移民，还有城市棚户区改造，建设了 5 000 万套以上的住房，让 1.5 亿穷人住上了新房——那是半个美国人口的规模。(3) 给包括7亿农村人口的近14亿全国百姓办成了医疗保障全覆盖，而且保障水平逐年提高。那是在总共10亿人口的发达国家中尚未做到的事。(4) 不仅在全国范围内大力建设先进的基础设施，而且硬化了上百万个村庄通向外部的道路，疏通“毛细血管”，让机动车在数以亿计的农户中普及，显著加速了社会流动性。(5) 最近正耗费巨资在农村实施消灭绝对贫困的五年计划，努力扶危救困。这五件大事有效缩小了我国的地区差别和城乡差别。尽管在技术上充满瑕疵，但几乎没人质疑这些事情背后的社会主义价值观。在可见的将来，我们会在经济领域继续强调市场机制的作用，创造更大量的财富。同时，我们会弱化收入差别与社会差别的关联，支持教育、医疗、养老、住房的均等化，以社会主义弱化经济主义。我们还会努力缩小收入差别，鼓励在一次分配领域的收入调节，建设人人有产、有股份的共享社会，建设有产者而非无产者的、均富的小康社会主义大家庭。

中国的社会主义道路不是没根的，不是个纯外来物种，在中华大地上自古就根深蒂固。老子在其著名的五千言《道德经》里就区分了“天之道”与“人之道”，人之道是“损不足以奉有余”，天之道是“损有余而补不足”，所以他告诫执政者要“损有余以奉天下”。融合了道家的儒家不仅有“大同”理想，更有现实主义的“小康”追求，顺应了中国社会既患寡又患不均的实际。在天下为家，各亲其亲，各子其子，货力为己的现实里，儒家的小康方案是将整个社会视作或塑造为一个暗含成员平等的“大家庭”，以家庭伦理为纲常规范全国上下，以家庭伦理推广出家国同构，使百姓在家国中以社区为单位互帮互助、损有余而补不足。这是中华“以德治国”的本源，融合了市场和法治，却在政治上高于市场和法治。

社会主义要求平等，其中重要的前提是人民的权力和权利。这也不是纯粹的外来物种。早于儒家思想的《周易》有两个著名的卦象，分称“否”和“泰”，成语“否极泰来”就源于这两个卦象。三条阳爻在上、三条阴爻在下是“否”，是大凶之象。官员要以政绩谋升迁，乾阳之气天然上升；百姓过日子彼此得斤斤计较，坤阴之气天然下降。将上升之阳置于上、下降之阴置于下，双方就背道而驰，所以卦辞是“天地不交而万物不通也，上下不交而天下无邦也”。相反，乾坤倒置，三条阴爻在上、三条阳爻在下，双方则相会相交，就是“泰”，是大吉之象，卦辞是“天地交而万物通也，上下交而其志同也”。如此，基层社区自治比官僚科层体系重要，百姓生活的“小事”比国家建设的“大事”重要。科层体系谦虚谨慎，以社区自治组织为上，以小事为大，让“人民当家作主”，就有国泰民安。《周易》是“四书五经”之一，中华士子必修。中华老祖宗在三千年前的《周易》时代就精彩地诠释了“人民当家作主”的深刻道理。

领导我们“中国社会主义”事业的核心力量是中国共产党。中国共产党能领导中国人民走中国的社会主义道路也不是偶然的，其先进性也不纯粹是外来的，而是深深扎根在我们中华传统之中。

中国共产党本身就可被视为传统儒门弟子治国集团的延续，其宗旨“为人民服务”来自儒门弟子的“民本”宗旨。

在小康时代，为什么我党要信仰共产主义大同？我党所信仰的共产主义是中华儒门两千多年大同思想的延伸。儒门弟子集团执政两千多年，有信仰的政治集团才不会有今天没明天。我们党不仅是唯物主义的，而且是有高尚精神信仰的。精神文明就是对未来后世平等的信仰。共产主义指出了人类彻底自由平等的前景：没有分工，没有人和财产的私有制，没有基于私有制的家庭，没有统治阶级，没有统治阶级加于被统治者的意识形态，没有法律和国家机器。如此，劳动成为第一需要，各尽所能，各取所需，人们有充分的自由和闲暇做自己喜欢做的事。共产主义的精神信仰与我国儒门弟子的“大同”理想几乎一致。

大同信仰还是我党党员个人情怀和修养的标志。共产主义信仰不属于芸芸众生，百里挑一的极少数精英才可能拥有。中国共产党是现世的执政集团，党员不是天主教的教士，而是世俗的、有家庭有私产之人。但立地成佛、人皆可成圣贤的观念在我国有深厚的文化根基。情怀是需要修炼的，中国传统儒门弟子的文化里有“文死谏、武死战”“鞠躬尽瘁，死而后已”“苟利国家生死以，岂因祸福避趋之”的古训，那是个人修炼和时常经受考验而来的精神境界。“为人民服务”是一种精神境界。中国共产党人的确是普通人，但同时又是特殊的人。在危机和危险时刻，在需要为大众利益挺身而出的时刻，共产党人应当比普通人更能放弃物欲和私利，更有牺牲私利的担当。就共产党人的情怀和修养而言，毛泽东的《为人民服务》《愚公移山》《纪念白求恩》三篇文章是中国版的“圣经”。谁能说那三个主题不是中华传统文化？

## 大国工程

赵忆宁 著　定价：49元　2018年5月出版

探寻大飞机、高铁、特高压、港珠澳大桥崛起的奥秘

- 走进科学家、工程师们的内心世界
- 以通俗生动的方式讲述专业问题
- 科技自主创新的中国好故事，时代急需的强国之音

## 独领风骚：毛泽东心路解读

陈晋 著　定价：39.00元　2013年10月出版

著名党史专家陈晋的代表作之一

沿着心灵深处的声音走近毛泽东的内心世界

从诗词切入，贯穿人生实践，

用优美的散文语言，探寻毛主席的心路历程。

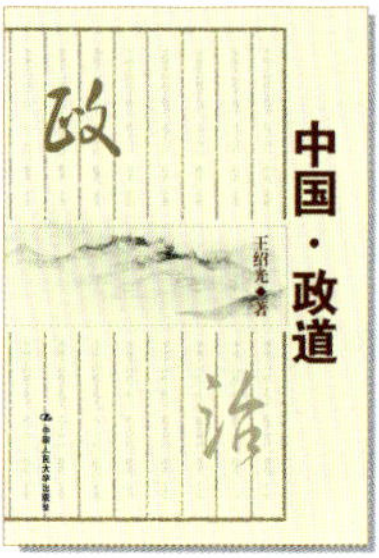


## 中国·政道

王绍光 著

定价：39元　2014年10月出版

辨析当代中国广受关注的政治理论热点

- 以中式政道思维超越西式政体思维
- 以代表型民主超越代议型民主
- 以人民社会超越公民社会

## 中国·治道

王绍光 著

定价：45元　2014年10月出版

探讨中国国家治理实践中的热点问题

- 分析当代中国政治和社会发展的新趋势、新特点
- 总结提炼中国体制的特色和优势
- 以翔实数据展示中国在社会保护方面的新跃进

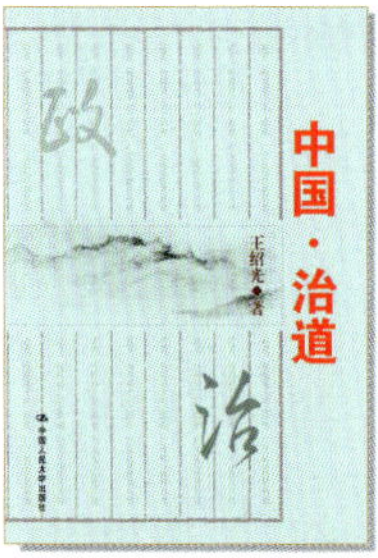

# 好书推荐

中国人民大学出版社

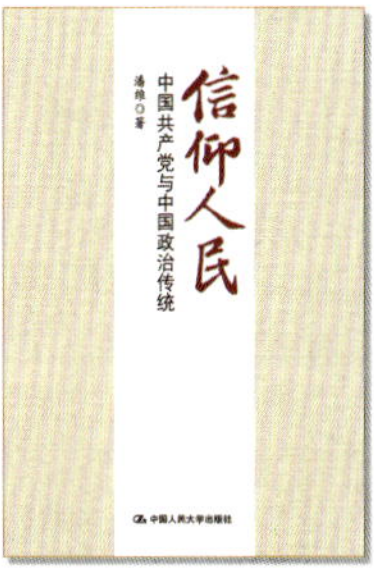


## 信仰人民：中国共产党与中国政治传统

潘维 著

定价：39.00元 2017年4月出版

入选中央国家机关“强素质·做表率”读书活动2018年上半年推荐图书

- 从中西比较的视野聚焦如何解决老百姓养小、送老、住房等问题
- 探讨了中国的久安之道和当前国家治理的核心任务
- 分析了中共如何创新社会主义理论和话语

## 大道之行：中国共产党与中国社会主义

鄢一龙 白钢 章永乐 欧树军 何建宇 著

定价：39元 2015年2月出版

京沪青年学者纵论中国优势、中国危机、中国创新

直面并回答干部群众关注和困惑的热点问题

- 上市一周三大网店全部售空 出版至今热销66万册
- 微信点击阅读量达千万次

## 天下为公：中国社会主义与漫长的21世纪

鄢一龙 白钢 吕德文 刘晨光 江宇 尹伊文 著

定价：39元 2018年6月出版

畅销66万册的《大道之行》之姊妹篇

- 中国学术少壮派团队推出的又一思想力作
- 从学术角度回应了中国进入新时代后所面临的矛盾和挑战
- 探讨了中国如何以社会主义的方式实现人民的美好生活和国家的高质量发展

## 高思在云：中国兴起与全球秩序重组

朱云汉 著 定价：39元 2015年9月出版

荣获“2015中国好书”、第六届中华优秀出版物

台湾“中央研究院”院士纵论中国兴起的历史意涵

- 以大历史观解读全球大变局和中国道路
- 真实而鲜明地呈现“社会主义的中国模式”
- 反思美国政体和资本主义全球化的弊端

那革命时代产生的光辉篇章当然是我中华文化的延续和组成部分。我们许多退了休的老共产党员们在自己居住的社区为公益服务，热情组织居民自己解放自己。他们一旦入党，终身是党员，为人民服务终生。那就是党员们的圣贤情怀，也是中国共产党能长期执政的基础。

我党的生命力来自“上善若水”的传统道理。道家鼻祖老子这样解释上善若水，“水善利万物而不争，处众人之所恶”。水的道理有三个。第一是“利万物”，而非重在利高贵。第二是趋下，“处众人之所恶”，总往高贵所不耻的卑下地方去，艰苦朴素，与底层群众在一起，不以琴棋书画、诗酒茶花的鉴赏力为荣。第三是“不争”，谦虚谨慎，顺势而为，“俏也不争春”。舟在上，水在下，所以鱼与水、骨与肉的比拟远胜于舟与水。然而，人往高处走，水往低处流，载舟覆舟往复循环，正所谓“滚滚长江东逝水，浪花淘尽英雄”。只要执政者位居于“上”，保持“上善”就不可能。这就是中国共产党视群众路线为党的生命线的道理。

上面其实我讲了我国治国的基本原则，即党的领导、人民民主、依法治国的“三位一体”。这“三位一体”为走“中国的社会主义”道路保驾护航。我看中国的社会主义前景光明。这条路是特殊的，因为植根于中华深厚的传统文化。这条路也是世界的，因为中国的社会主义道路相对比较中庸，比较大众化，比较稳健，比较成功，能给世界各地形形色色的社会主义思想和实践以启迪。

谢谢各位！

# 人民共和国的人民性*

我以“人民共和国的人民性”为题，谈五个问题。

**第一，解释两对概念，“群众与人民”和“政府之治与人民自治”。**

第一对概念是“群众与人民”。没有组织的是“群众”，是一盘散沙，其中的规则是弱肉强食。群众被组织起来了，有了自治组织，就是“人民”。有了人民才谈得上“人民的权力和人民的权益（权利）”。第二对概念是“政府之治与人民自治”。古今中外，无论大小贫富，治国都以扁平的人民自治组织为主，科层的政府管理为辅。科层体系能办“大事”却办不了“小事”，扁平组织能办“小事”却办不了“大事”。执政靠“民心”，而“民

---

* 本文是2017年11月4日作者在第15届开放时代论坛上的发言。本次论坛由重庆大学共和国研究中心与开放时代杂志社共同主办，主题是“人民共和国的文明内涵”，地点在重庆大学文字斋。

心”主要取决于办好“小事”而非“大事”。“小事”办不好，“大事”也就逐渐办不到了。这个道理，中国古人早就懂得，我以往论述不少，在此不赘述。

就“政府之治与人民自治”我想补充两个看法。

首先，人民自治怎么实现？人民能自发组织起来形成“人民自治”吗？我认为不可能。是群众中的本地精英把群众组织起来的。这些精英的状态和特质决定了这个组织是否属于“人民自治”组织。我们很难把“黑社会”称为人民自治组织，也很难把土豪劣绅领导的乡村“土围子”称为人民自治组织。包括“海选”出来的村民委员会在内，所谓“自发”组织经常由社区里的少数流氓无赖劫持，为他们谋私利提供方便。热心为社区公益服务的精英通常隶属某个文明先进的大型组织，如党派或教会的基层成员，如传统中国的儒门弟子集团（而今可称“儒党”）中“知书达理”的乡绅。这些人领导的自治组织大体是人民自治组织。西方人在自组织“society”前面要加个形容词，称为“civil”，与我说的“人民”自组织含义大致相当。怎样区分是否“civil”或者是否有“人民性”？我看只能从原则上区分，带头人谋私利的组织就不“civil”，带头人谋公益的组织就“civil”。

其次，政府之治怎么实现？与人民自治有关吗？一方面是政府垄断了暴力和税收就获得了治权，另一方面则取决于人民自治组织与政府的关系。人民自治组织与政府关系好，其精英领袖与执政者同属一个政治集团，则政府拥有这个地方的治权。人民自治组织与政府关系差，其精英领袖与执政者不属同一个政治集团，则政府丧失这个地方的治权。换言之，在哪个社区里拥有自治领导权，政府就在哪个社区拥有执政权；在哪个社区丧失了自治领导权，政府就在哪个社区丧失了执政权。丧失了大部分社区的领导权，国民党政府垄断暴力和税收的执政权就成了空中楼阁。这样看，国民党就不是在 1949 年 10 月 1 日忽然丢掉了执政权。

**第二，解释新中国的“新”，也就是“人民性”从哪里来。**

新中国叫作“人民共和国”，而且各行各业都冠以“人民”之名，人民邮政、人民航空、人民铁路、人民军队，等等。新中国之“新”主要在于把“人民性”强调到了“人民万岁”的高度。这种“新”的前提条件是什么？是“旧”的人民自治的堕落。随着皇权腐朽和最后崩塌，乡绅不知道该认同谁、跟谁走。土匪来了跟土匪，日本人来了跟日本人，国民党来了跟国民党。“城头变幻大王旗”是经常的，带头给自家谋私利成了天经地义，于是领导人民自治的“乡绅”堕落成“土豪劣绅”。对比之下，共产党领导的人民自治是“新”的。

这样，问题就来了，共产党的自治为什么特别强调“人民”，强调人民的权力和权益？明显的原因有四个。其一是西方的民主大潮。虽然西方民主有很强的阶级性，但的确催生了“人民”这个概念和人人平等的大众意识。自 20 世纪初开始，西方的民权思想在中国知识界广为传播。其二是马克思列宁主义思想。马克思认为世界势将简化为两大阶级，即少数的资产阶级和大多数的工人阶级，因而倡导“无产阶级专政”。十月革命首次把马克思的思想落了地，诞生了第一个没有资产阶级的国家，用李大钊的话说是“庶民的胜利”。尽管列宁的革命思想里有些精英主义色彩，但他十分强调劳工地位，实行“一切权力归苏维埃”，司法权也归人民代表大会所有。其三是中国的三千年民本主义传统。民本思想早于儒家，由儒家发扬光大。春秋时的诸子百家有个共同的核心，就是以民为本。用今天的话概括，民本思想就是“为人民服务”。其四是中国共产党人的战争经验。共产党的军队从无到有、从小到大、从弱到强，完全依仗人民，打“人民战争”。共产党在每个连队、每个村庄建立党支部、党小组，实行“三大纪律八项注意”和“缸满院净、为家家户户排忧解难”。坚持了二十多年，换来了广大农民的信任，把“最后一碗米、最后一块布、最后一个儿子”交给共产党的军队。中国革命的胜利绝非必然，而是个奇迹。对这个奇迹的认识在毛泽东的《愚公移山》里有精彩表述。党就是带着子孙挖山不止的“愚公”，最终感动了人民这个“上帝”，然后人民以其伟力自己解放了自己，把压在身上的三座大山移走了，而毛泽东的《为人民服务》则明白无误地表述了中国共产党的宗旨。

**第三，解释“人民性”四十年的衰落。**

“人民性”的退潮始于中西同步的“文革”的退潮。在中国闹“文革”的时候，除了苏联例外，全世界也在闹“文革”，全世界的“人民性”达到了顶点。为什么“人民性”在世界范围内退潮？主要原因是发达国家青年们闹“文革”的对象消失了，帝国主义退出了殖民地。英国的撒切尔和美国的里根代表了右翼精英主义的浴火重生。中国则因为看到“文革”的教训，重新开启了专业化和知识化的精英主义。中国的精英主义大致居于左右之间。

顺带澄清一对概念。我们可以用精英主义（elitism）和平民主义（populism）简单地理解世界。根据对世界市场的立场再把这两大类分成左右两翼，这样就是四大类：左翼精英主义和左翼平民主义，右翼精英主义和右翼平民主义。我国把“populism”翻译成“民粹主义”，大致是误译，译成“平民主义”比较贴切，与“精英主义”构成一对。“民粹”原本用来特指列宁批判的一个俄国思想流派，在中国是明显的贬义词；而“populist”未必是贬义词，比如一度任特朗普政府高官的史蒂夫·班农经常自豪地称自己是“populist”，代表美国的“populism”。

在市场时代，特别是全球市场时代，精英主义取得了极大成功，压抑了平民主义。2008 年的“金融海啸”标志着已经旺盛四十年的精英主义走向衰落，新自由主义落潮，左翼和右翼的平民主义重新高涨。在以往的四十年里，世界市场几乎冲垮了所有国家的社会自治组织。对精英而言，群众最好是无组织的、“自由”的、任由跨国资本集团渗透、任由他们描述的未来技术乌托邦摆布，相信自己落伍，是蠢货。平民主义重提“人民性”，隐含着把群众重新组织起来的意思，强调以人民组织的力量对抗世界市场。这明显是一种保守主义，但也可说是进步主义。

**第四，解释“新时代”与“人民性”的回归。**

党的十九大提出我国新的社会主要矛盾是“人民日益增长的

美好生活需要和不平衡不充分的发展之间的矛盾”，要求回归“以人民为中心的发展”，而且重新举起了“共同富裕”的旗帜。报告提到“人民”一词多达203次。这是大转折的信号，标志着我国的发展进入了“新时代”。为什么会出现这场大转折？因为创造了经济奇迹的让一部分精英先富起来的老路走不下去了：社会从分化到分裂，共产党出现腐化和官僚主义化，我们赖以生存的自然环境也恶化了。

新路怎么走？我从社会讲起，首先是重建社会。什么是重建社会？把群众的居住社区重新组织起来，守望相助，没病的帮有病的，年轻的帮年老的，有知识的帮缺知识的，有钱的帮缺钱的，居民遵守纪律，恢复社区正常秩序，弘扬公平正义的正气，弘扬伦理道德，弘扬共享的公益精神，我看这就是人民对美好生活的期待，就是社会主义。而今，居民社区基本上是一盘散沙。有人说一盘散沙主要是农村的状态，其实在城市居民区更严重。城市里的劳动者由市场机制严密组织起来了。我不明白为什么一些领导干部热衷在私营企业建党组织。是想帮企业主管理工人还是帮工人涨薪水？支部书记从企业跳槽了，党组织也跟着消失？企业垮了，党组织也跟着垮？尽管劳动者被市场严密组织起来了，但居民社区却堕落成一盘散沙。居民没组织，社区没组织，就盛行弱肉强食，居民就互坑互害，社区秩序就每况愈下，群众就越来越难过，越来越不满。一个居委会起初只管二三十户，在“队为基础”的时代一个农村生产队起初也只有二三十户。现在一个居委会可能管好几万人。为什么居住社区比工作场域重要得多？因为人们工作不是为了工作，而是为了家居生活，为了美好生活。一天不是 8 小时，而是 24 小时。工作是为了养小孩、送老人，为安全退养。可怎样才能重建社会，建设美好生活、美好社会？

其次谈党，关于党的建设。没有党的领导就不可能重建社会。党为什么会腐化、盛行官僚主义？因为党脱离了基层，脱离了居民，脱离了“小事”，脱离了群众的生活。怎么办？党的十九大报告在从严治党那一节的第四点要求加强基层组织建设，指出：“加强基层党组织带头人队伍建设，扩大基层党组织覆盖面，着力解决一些基层党组织弱化、虚化、边缘化问题。”在我看，应该在党的领导下把分散的居民重新组织起来，把群众组织成人民。在每个居民小区建设党支部，每栋大楼有党小组，带头组织业委会、房客委员会、纠纷仲裁会、经济互助会、家长会、老人会、猫狗会、家居物品交换共享会、小区环境绿化会，等等。党政系统还要把社区服务工作“外包”给“社会组织”。党政科层体系连自己的党员队伍都脱离了，眼里哪还有群众？所以，从开头我就讲，群众组织起来才是人民，才有人民的权力和权益。从开头我就讲，人民的自组织不是自发组织。从开头我就讲，“小事”比“大事”重要，因为把乡村家家户户的“小事”办好了，共产党就获得了政权。国民党有钱有枪，但在基层没了根基，就成了空中楼阁。从开头我就讲，组织居民自治的权力和能力就是执政权，丧失了这个权力和能力就丧失了执政权。因为人民自组织的权力一度大到荒唐的地步，涉足家庭内部私事，所以“文革”的集体记忆中有“不自由”的恐惧。而今，我们倡导家庭管“私事”，人民自治管“小事”，科层体系管“大事”。这样的治理体系将获得如下的治理能力：其一，管理成本大幅下降，管理效率大幅上升。其二，党能因为这种群众路线而不再腐败和官僚主义。其三，有了每个居民区的正气，就会有整个社会的正气。公德不彰不是因为人们没学《论语》，而是因为社区没组织，弱肉强食的规则导致居民彼此互坑互害。道德来自社区的人民自组织，爱社区才爱家乡，爱家乡才爱国。在这个意义上，人民的美好生活在于人民有组织。而共产党要想不腐败就不能脱离百姓，就要保持党是扁平组织的基本性质，就要回到居民区组织群众，让群众信任党、热爱党，让党的基层组织监督上级组织，不断提醒党不忘初心，让人民对美好生活的向往自下而上地支配执政者，支配执法机关乃至宏观政策。我想，这就是“党的领导、人民当家作主、依法治国”三位一体的次序问题，也是“人民性”的回归。

**第五，猜度新技术革命与“人民性”的关系。**

新科技能否取代我今天讲的“人民性”？有官员和企业家，还有年轻学者曾对我说，有了大数据和人工智能，今天你看到的所有社会管理问题都能自动解决。老实说，我怀疑精英们描述的第N次技术革命和技术乌托邦能否解决我上面说的问题。“人民性”讲的是人与人的关系，是精英与平民的关系，是大众与执政者的关系。这关系会被人与物的关系取代？相信人工智能将消灭政治学乃至社会科学，是深刻还是浅薄？

# 我国社会主义现代化的新时代*

老师们，同学们：

今年是俄国十月革命一百周年。十月革命让马克思主义首次落地，诞生了世界上的第一个社会主义国家，苏联曾高居世界第二强国长达五十年。然而，马克思主义俄国化的试验却在苏联立国七十余年后崩溃了。其失败是如此惨烈、彻底，又过了近三十年，走上资本主义道路的俄罗斯还没显出复兴迹象。与此形成鲜明对照，中华人民共和国立国不到七十年，从世界最贫困落后的国家之一顽强攀登到了世界第二强国的高度，在拥有世界人口两成的中国，社会主义事业欣欣向荣。

怎样建设社会主义现代化国家？

在比俄国和苏联落后得多的条件下，我党本着实事求是精

---

* 本文是 2017 年 11 月 10 日作者在“十九大与社会主义现代化国家：北京大学解读十九大精神理论研讨会”上的发言稿。

神，立足中国，立足中国不断演进的实际需要，一直在深化关于社会主义道路的认识。从起初的“工业化”和“阶级斗争”，拓展到“四个现代化”，又到“富强、民主、文明”，到“富强、民主、文明、和谐”，又到“富强、民主、文明、和谐、美丽”。由经济、政治、文化建设的“三位一体”拓展到现在的经济、政治、文化、社会、生态文明建设的“五位一体”。而今，在我党领导下，以市场为创造财富的基本手段，以社会主义原则指导财富的分配，中国的社会主义道路越走越宽广，带来了中华民族的强劲复兴，带来了人类进步事业的伟大希望。

10月18日，习近平总书记在十九大报告中宣告中国的社会主义建设进入了“新时代”。在我看，着重解决“患寡”问题的历史时代进入了尾声，着重解决“患不均”问题的时代开启了大幕。作为一个在北大教书二十多年的社会主义者，殷殷期盼的这一天到来了。我国的社会主义建设从一穷二白时代的1.0版，让一部分人先富起来的2.0版，进化到了高举共同富裕旗帜的3.0版。

西方学界理解的“现代化”是以马克斯·韦伯思想为基础的“传统”与“现代”两分以及由此推出的“现代性”概念和“现代化”理论。在韦伯主义者看来，在传统社会中生存主要不是基于市场，而是基于互助，即基于神灵信仰、习惯、血缘、地域的互助。现代生活则依赖资本主义市场，由市场理性主导，也就是由盘算成本收益主导。韦伯由“市场理性”推出“行政理性”（法治化、专业化、科层化）和“政治理性”（选举化；公开拍卖政权，出价最高者获得政权）。韦伯能看到的政权只有三类：传统型、法律—理性型和双向过渡性质的魅力领袖型。

然而，我国上上下下理解的“现代化”一直是“民富国强”，也就是让中国人民像发达国家人民那样富裕，让中国像发达国家那样强大。无论是干革命还是搞建设，中华民族的复兴一直是我党的实际目标和最大动力。而且，我国的现代化不是资本主义的现代化，不是少数人的现代化，而是社会主义的现代化，是广大人民的现代化，是整个中华民族的现代化，是中国共产党领导的现代化。我们走了一条非同寻常的路，称为“中国特色的社会主义”道路。这条道路的初级版是基于一穷二白和国家安全缺乏保障，中级版是基于庞大人口的衣食住行缺乏保障，而高级版则基于现在每年 6 亿吨粮食和稳居世界第二的 80 万亿元国内生产总值。

改革开放近四十年来，中国社会已经发生了很大变化。我们在解决“患寡”问题上取得了举世公认的伟大成就。但世界上没有不花代价的成就，解决问题的方法同时带来了新的问题。我们经济奇迹的成本越来越高：社会分裂，社会价值观混乱，党纪松散，干部队伍腐败，还有我们赖以生存的自然环境不断恶化。结果是，社会风气越来越堕落，群众的生活质量不断提高，但养小送老却变得越来越艰难，百姓与党离心离德的现象与 GDP 同步增长。这日益增高的成本已经成为我国实现现代化的主要障碍。人们从“患寡”转为“患不均”，要求比较均等的教育、医疗、养老和居住条件。

这时，党的十九大报告宣布我国社会主要矛盾发生了变化，将以前的“人民日益增长的物质文化需要同落后的社会生产之间的矛盾”改为“人民日益增长的美好生活需要和不平衡不充分的发展之间的矛盾”。这是广得民心、深得民心的重大认知转折。

十九大报告要求“决胜全面建成小康社会，开启全面建设社会主义现代化国家新征程”。尽管发展生产，继续依靠市场机制和深化开拓与世界市场的对接是我们持续走向富裕的必由之路，但报告宣布了我们的新方向：从 2020 年到 2035 年，我党将让“人民生活更为宽裕，中等收入群体比例明显提高，城乡区域发展差距和居民生活水平差距显著缩小，基本公共服务均等化基本实现，全体人民共同富裕迈出坚实步伐”。从 2035 年到 2050 年，更是要基本实现全体人民的共同富裕。报告特别指出，“增进民生福祉是发展的根本目的。必须多谋民生之利、多解民生之忧、在发展中补齐民生短板、促进社会公平正义，在幼有所育、学有所教、劳有所得、病有所医、老有所养、住有所居、弱有所扶上不断取得新进展”。

我热烈支持习总书记领导全党发动的这场大转折。什么是我国老百姓能理解的社会主义？人民期待美好社会，期待社会主义大家庭。没病的帮有病的，年轻的帮年老的，有知识的帮缺知识的，有钱的帮缺钱的，邻里和谐相处、守望相助，就是洋溢着社会主义互帮互助共享精神的大家庭，是中华民族大家庭。温暖的大家庭就是人民对美好生活的期待。

怎样完成这个大转折？怎样才能建好这个社会主义现代化伟

大工程？

核心是解决党的领导问题。中国共产党是社会主义现代化国家建设的领导核心，这是中国政治的最大特征。中国共产党这个领导核心是不是坚强有力，事关社会主义现代化国家建设的成败。

而党的领导坚强有力取决于党与人民的骨肉联系，在于认同人民、信仰人民，在于依靠民心、获得民心。在社会主义 2.0 版期间，由于“让一部分人先富起来”的方针，我党从上到下，很多人抛弃了社会主义的信念和信仰。其实，自我党建立了新中国，在社会主义 1.0 版时期，也有不少党员干部一直没能过好社会主义理论这个思想关。认同社会主义就是认同广大老百姓美好生活的利益。入党不是为做官，而是要为人民服务。在新时代，我们需要针对党内反社会主义的思想进行伟大斗争。十八届中央委员和中央候补委员中有 9%落马，十九大党代表也有不少人未能通过最后的资格审查。不承认伟大斗争是不行的。

十九大报告开宗明义，指出本次大会的主题是“不忘初心，牢记使命”。这篇报告的结尾是“大道之行，天下为公”。中国共产党人的初心是什么？是为中国人民谋幸福，为中华民族谋复兴，为人类进步事业而奋斗，是天下为公。报告有多达 203 处提到“人民”一词，而且清楚无误地指出：“全党同志一定要永远与人民同呼吸、共命运、心连心，永远把人民对美好生活的向往作为奋斗目标。”

人民是社会主义的核心，是社会主义的主体。谁是人民？我党很多领导干部今天搞不清楚谁是人民了。人民就是亿万靠辛勤劳作养小孩送老人的百姓家庭。然而，组织起来是人民，没有组织的是群众。有了人民才有人民的权力和权益。十九大报告指出，要坚持以人民为中心，坚持人民的主体地位，保证人民当家作主落实到国家政治生活和社会生活之中。这非常重要。只有把人民当家作主落实到社会生活里，才能落实到国家政治生活里。

因此，党的基层组织在我国的每一个居民区组织群众、动员群众、领导群众，让居民们自己组织起来，自己解放自己，守望相助，弘扬社会正气，过井然有序的现代和谐生活，是确保人民当家作主的关键。我国的社会治理主要依赖党领导的人民自治。我党不相信慈善，不扮演上帝，而是相信人民、依靠人民，像愚公那样去感动群众，感动人民这个上帝，把人民组织起来自己解放自己，推翻旧的和新的大山。

所以，十九大报告指出，要扩大基层党组织覆盖面，着力解决一些基层党组织弱化、虚化、边缘化问题。要以提升组织力为重点，增强群众工作本领。党支部要担负好组织群众、宣传群众、凝聚群众、服务群众的职责，引导广大党员发挥先锋模范作用。我们党来自人民，植根人民，服务人民，让人民监督权力。党一旦脱离群众就失去生命力。

我们党有 8 900 万党员，其中近 800 万在党政科层体系里，而在科层体系外的 8 000 多万党员植根于每一个居民区，植根于人民，动员群众、组织群众，并在组织群众中显现出色的组织本领，为科层体系输送人才。这就是我党之所以强大的基础，是我党人民性的根基。所以，动员科层体系外的所有 8 000 多万党员，在他们居住的每一个社区里建立基层组织，为新时代的新目标而奋斗，获得为人民服务的光荣，也是一场涉及我党根本性质的伟大斗争。

在治国理政上有统一的指导思想是中国共产党的优势。“习近平新时代中国特色社会主义思想”就是当前建设社会主义现代化国家的思想指南，其中涵盖了全国各个方面直到 2050 年的工作任务，并为我们提出了建设社会主义现代化国家的时间表、路线图。这就是 2020 年到 2035 年、2035 年到 2050 年两个阶段的战略安排。这个时间表把“基本实现现代化”的目标完成时间提前了 15 年，也就是提前到 2035 年，同时提出了新的目标，提出到 2050 年要建设的不仅是社会主义现代化国家，而且是社会主义现代化的“强国”。这就是中华民族在我党领导下完成伟大复兴的时刻了。

作为北大教员，我衷心期待北京大学在新时代的伟大斗争中，坚决跟党走，为我国社会主义现代化事业培养接班人，培养出色的接班人，而不是敌对势力。

谢谢各位。

# 反腐败的易与难*

我很荣幸有机会在这里做发言的点评。聆听了十三位政党代表的发言以及发言人与代表们的互动，各位同事既认为腐败能被控制住，也说明了其中的困难。作为大学教授，我想从理论上概括反腐败的两个方面：容易和艰难。时间有限，我只讲三分钟。

先说反腐败容易的一面。腐败的定义非常清晰，基本没争议。这是社会科学里十分罕见的事。腐败的定义是“**（公职人员）非法以公权谋私利**”。那么减少腐败的方法也就很简单。第一是切断公权力与官员私人利益的关联。第二是把腐败现象合法化。有个别国家通过把腐败合法化就降低了腐败，比如在美国。定义清晰让反腐败措施简单、清晰，加上把腐败合法化比较容易，所以反腐败并不是很难。大国、小国、穷国、富国，都有在很短的

---

* 本文是 2017 年 12 月 2 日作者在中国共产党与世界政党高层对话会上所做的点评。

时间里就控制住腐败现象的先例。五年以前，我给学生上课，说到中国制止腐败蔓延很有希望。但几乎没什么人相信我的判断。五年后的现在，中国制止腐败的成就举世公认。然而，切断公权与私利的关联，在方法上说起来清晰、简单，做到其实很难。

我接着概括反腐败不容易的一面。分成五个原因。

**第一，党内高层缺乏意愿和意志。**若政党高层领导自身腐败，反腐败的意愿就不强，反腐败的意志也不会坚定。所以，反腐败要从党内做起，从党内的高层做起。做到了，党内高层就会获得公信力，权力就巩固，就能推广反腐败措施。

**第二，投鼠忌器。**老鼠趴在瓷器上，拿石头去打老鼠可能会得不偿失地砸碎瓷器。不少政党害怕揭露腐败会失去竞选捐款，失去党内的重要领导人，甚至失去执政权。然而，丧失了公信力的党不可能长期执政。

**第三，惩罚力度不够。**切断公权与私利关联的法律法规和执法机构不够强大，让腐败的收益大于腐败的成本。有效的反腐败措施意味着从法律法规上、从执行机构上强大，让腐败的成本远远高于腐败的收益。比如把官员每次收礼不超过一百元改为每年收礼总价不超过一百元。

**第四，无法让“零容忍”成为社会风气。**容忍贪腐的社会风气是可以改变的，尽管很难。让内部监督转化成全社会的监督就会有持久的效果。中国共产党的做法是首先加强内部监督，然后加强党员自下而上的监督。中国共产党有 8 900 万党员，几乎每 10 个成年人中有 1 个。我们党在党员中加强共产主义教育，这是精神层面。同时在所有党员中加强“为人民服务”的教育，说明以公权谋私利是可耻的，是背叛了党的宗旨背叛了党。这个工作，在中国依然任重道远。

**第五，缺乏社会平等。**让自己和自己家人过上比别人更好的生活，是官员腐败的一个重要动力。如果经济领域的财富差别不能反映在社会领域上，也就是说，财富差别不能反映在教育、医疗、养老、居住条件的差别上，官员贪腐的动力就会大为降低。这是北欧各国和新西兰、澳大利亚甚至新加坡等国名列腐败程度最低国家的主要原因。因此，社会主义是降低腐败的有效途径。中国处于社会主义的初级阶段，在这方面也依然任重道远。

各位同事，腐败问题涉及所有政党的公信力，而推进对抗腐败的工作是构建“美好世界”的重要组成部分。所以，世界各政党应当加强交流，携手努力。

谢谢各位。

# 以人民为中心：大事与小事，科层系统与扁平组织*

很高兴有机会来这个讲坛同各位交流。我要谈的题目是“以人民为中心：大事与小事，科层系统与扁平组织”。看起来是一个题目，其实是两个：在社会领域推动宏观政策和微观政策的调整。

“新时代”的基本特征是“以人民为中心的发展”。怎样的发展才是“以人民为中心”？

我看需要分解成宏观和微观两类政策的调整。宏观政策上的调整是在社会领域，也就是在医疗、教育、住房、养老四大领域，逐渐减少市场的作用。微观政策上的调整是革命性的，要求“以小为大，以下为上”。就是说，居民区里百姓的小事比国家建

---

* 2018 年 7 月 7 日，作者在上海的观天下讲坛做了主题演讲，本文为演讲整理稿。

设的大事重要，基层组织比科层系统重要。也就是说，走群众路线，把居民社区重新组织起来。在社会领域通过宏观和微观政策调整，以经济发展为中心的“旧时代”就能变成以人民为中心的“新时代”。

## 一

新旧“时代”的变化首先体现在官方对“社会主要矛盾”表述的变化上。

过去的表述是“人民日益增长的物质文化需要与落后的生产力之间的矛盾”。简单说就是人民需要物质财富，但财富生产能力低。这个认识导致了“让一部分人先富起来”的政策，也就有了我国经济高速增长的奇迹。但另一方面是成本代价，代价是社会分裂和社会风气堕落，是干部队伍腐败和思想混乱，还有自然环境恶化。而今官方把这三大类问题称为“发展不平衡”。不平衡的发展一举解决了我国人民衣食住行问题；但政策施行一代人三十年之后也出现了群众生活越来越艰难以及群众与党离心离德的趋势。

主要矛盾从“患寡”变成了“患不均”。

而今的表述是“人民日益增长的美好生活需要和不平衡不充分的发展之间的矛盾”。这个变化说明：不仅有发展“不充分”问题，发展的“不平衡”问题更大。党还要继续推动经济发展，但已经把解决“不平衡”问题放在了首位。

新的主要矛盾导致了“新目标”。从“让一部分人先富裕起来”变成了“共同富裕”。十九大报告里这样讲：2020—2035年，人民生活更为宽裕，中等收入群体比例明显提高，城乡区域发展差距和居民生活水平差距显著缩小，基本公共服务均等化基本实现，全体人民共同富裕迈出坚实步伐。2035—2050年，全体人民共同富裕基本实现。

什么是“基本公共服务均等化”？在我看，教育、医疗、住房、养老是基本公共服务。这四大“社会领域”缺少均等化是生活水平越来越高，日子却过得越来越艰难的原因。当年说让一部分人先富起来，然后先富带后富，实现共同富裕。数以千万计的下岗工人等“共同富裕”已经等了二十年。十九大报告说，到2035年全体人民共同富裕迈出坚实步伐。后十五年的目标呢？“基本实现全体人民共同富裕。”

接续这个“新目标”的就是“新方略”：

“必须坚持以人民为中心的发展思想，不断促进人的全面发展、全体人民共同富裕。”

“增进民生福祉是发展的根本目的。必须多谋民生之利、多解民生之忧，在发展中补齐民生短板、促进社会公平正义，在幼有所育、学有所教、劳有所得、病有所医、老有所养、住有所居、弱有所扶上不断取得新进展。”

十九大报告还提到，党要“不断满足人民日益增长的美好生活需要”，“使人民获得感、幸福感、安全感更加充实、更有保障、更可持续”。

什么叫获得感、幸福感、安全感？最近看到新闻，芬兰被列为全世界“幸福感”最高的国家，第二、第三、第四都在北欧。北欧是基本公共服务均等化最高的地方，医疗免费、教育免费，不用担忧养老、不用担忧住房。什么是幸福？幸福就是免于恐惧。免于恐惧就是安全感和获得感。许多人不敢看医生、不敢结婚、不敢养孩子，为追求“一流”学校焦虑、为追求“一流”医院焦虑，为住房焦虑、为养老焦虑。在教育、医疗、住房、养老这四大社会领域，极少数人过得容易，越来越多的人越来越艰难。恐惧导致不幸福，而“不均”，即“相对被剥夺感”，导致恐惧。

其实，获得感、幸福感、安全感，就是医疗、教育、养老、住房问题，即“社会领域”的问题。经济生活应当市场化，但社会生活应当市场化吗？社会的市场化导致社会分裂和社会风气败坏，导致干部队伍思想混乱和腐化，导致为资本的利润任意破坏自然环境。

我们“走中国特色社会主义道路”，但什么是“社会主义”？如果照斯大林的定义，中国的社会主义似乎越走越“初级”。如果调整一下定义，把社会主义当成相对于物质主义的精神追求，当成追求社会平等，社会主义运动史就不是起自五百年前莫尔的“乌托邦”，而是至少要从两千五百年前说起，从孔子和柏拉图谈起。

社会至上，以社会平等获得社会团结，就是社会主义。资本至上，以资本利得为社会主要目标，就是资本主义。资本主义要求尽量发挥人的本能，倡导自私自利。但人类不仅有本能、兽性，人类还有人性、人文精神。人文精神就是公共精神、社会精神，就是社会公德，就是社会主义精神，也就是人类文明的精神。用社会精神来平衡物欲，人类才没自杀，才有人类社会。有了社会，人类才能生存至今。

如果这样定义社会主义，自第一次世界大战以来，特别是自第二次世界大战以来，社会主义一直是世界发展的总趋势，社会主义运动越来越壮大。在社会领域，即医疗、教育、养老、住房这四大领域，去市场化、追求社会平等、追求社会服务均等化，标志着社会主义运动越来越强大。其从 19 世纪末的德国兴起，由苏联发扬光大，在 20 世纪后半期在全球普及。美国原来没有公立学校，现在越来越多，成为民众教育的主力。德国原来有私立学校，后来基本取消了，每个公民都交教育税，即“教会税”，政府用这笔钱让教育均等化。在日本，无论生活在北海道还是东京，中小学教育水平基本一致，民众的生活不再艰难。医疗、教育、养老、住房四大领域的去市场化就是社会主义。而且，那明显是世界进步的总趋势。这个总趋势说明社会主义的路在世界上越走越宽广。

中国自古就有社会主义理念。古代社会主义当然不可能是现代社会主义，正如计算机和大数据时代的社会主义不可能是古代社会主义。但古代社会主义思想与现代社会主义思想是相通的。老子说：“人之道，损不足以奉有余。”人是世上最自私、贪婪的动物，赢家通吃。老虎吃饱了不再吃，但人永远不会“饱”，要

“垄断”。但“天之道”则是“损有余而补不足。”所以，老子要求执政者要“损有余以奉天下”。

顺应中国小农社会既患寡又患不均的实际，在天下为家，各亲其亲，各子其子，货、力为己的现实中，儒门弟子提出了“小康”方案：将整个社会塑造为暗含成员平等的“大家庭”；以家庭伦理为纲常规范全国上下，“家国同构”，使百姓在“家国”中以社区为单位互帮互助、损有余以补不足。这是中华“以德治国”的本源。儒门弟子不仅要塑造现实的小康社会，还要建构理想的“大同”社会：天下为公，货、力为公，不独亲其亲，不独子其子，老有所终，壮有所用，幼有所长，矜、寡、孤、独、废疾者皆有所养。儒家天下大同的理想社会就是取消了私有制的共产社会，比马克思早了两千多年。

由于基本条件差异很大，当代中国社会主义道路经历了如下三个阶段：

社会主义 1.0 版：“大锅饭”，基于一穷二白，国家安全缺乏保障；

社会主义 2.0 版：“让一部分人先富起来”，基于庞大人口的衣食住行缺乏保障；

社会主义 3.0 版：“共同富裕”，基于 6 亿吨粮食、稳居世界第二的 80 万亿元国内生产总值。

在一穷二白、国家安全缺乏保障的条件下，“大锅饭”让中国人民团结，让国家强大。让一部分人先富起来的政策则导致巨大的财富积累。辩证法告诉我们，解决问题的手段当然会制造新问题。我们只能在不断解决新问题中，在“否定之否定”中向前迈进。

今天，我们遇到的是生产过剩的危机。这个危机用什么解决？要让我国经济继续高速发展，追上发达国家的人均收入，不可能仅靠少数人的“先”富，而必须提高全社会的人均能力和人均收入，靠公共服务均等化，靠社会领域的去市场化，靠全社会共同富裕。这是解决生产过剩问题的法宝，更是二战后欧洲、日本迅速从废墟中复兴的法宝。

## 二

前面谈了“以人民为中心的发展”需要在社会领域调整宏观政策。下面我谈第二个问题，“以人民为中心的发展”还需要在社会领域调整微观政策，重建社会，把居民区重新组织起来。

我把“微观政策”概括为“小事与大事”及“科层系统与扁平组织”。那么，政策的调整是什么？可以概括为“以小为大，以下为上”。

先来区分“大事”与“小事”。现在有了高铁、高速公路、大型水利工程、先进的港口和机场，等等。这些都属于“大事”。“大事”办成了，群众高兴。但群众的日常生活却由居民社区里的“小事”构成。家里老人需要陪伴说话，每天要送孩子上学，居民区的垃圾、违章建筑、社区内和周边停车、物业费、物业服务质量、夏季蚊蝇、喂猫养狗争端、房东驱赶房客，等等。这些都是“小事”，却每日每时都发生，直接影响几乎每个人的生活和感情、情绪，关系着群众是否信任和支持共产党。

再来区分一下科层体系和扁平组织。科层体系分工精细，严格依法办事，所以能办大事。但科层体系办不了小事。用科层体系办小事，不仅成本会高到荒唐的地步，而且几乎肯定办不好。政府要帮居民清理社区里违规堆放的垃圾，需要至少四个政府部门（如卫生、公安、住建、运输）不断开会协调才能办到，但费了那么大力气也只能清运一次垃圾，没法解决居民在社区里持续乱扔垃圾还不交垃圾费的问题。扁平组织专门能办小事，但办不了大事，没哪个居委会能动员全国力量架桥修路以及办理外交国防之类的事。扁平组织能深刻感知办五花八门小事的“情理”，而且办事成本极低，效率很高。

古今中外的国家，无论大小贫富，没有任何科层体系能单独治国。各国的治理都不仅靠政府，更靠人民自治。世界各国的治理原则都是：科层政府体系办大事，居民社区自治办小事，家家户户自己办私事。自治是什么意思？文明先进的组织（比如政党）带领群众组织起来，自己解决自己社区里的问题，自己解放自己。我国而今的治理原则也不例外，称为“党的领导、人民当家作主、依法治国”的三位一体。

自治组织是不是自发组织？没有“文明”的组织去动员和组织居民，群众的自发组织恒定被自私自利、别有用心的人劫持，直至成为“黑社会”。由于当年食洋不化的决策，我国农村大搞“海选”，导致农村基层政权的“灰色化”。西方人自诩其国分为

“市民会社”（civil society）与政府（state）两大部分，把群众自治组织称为“市民会社”。但为什么西方的“社会自治组织”（society）必须加“civil”这个定语呢？“civil”这个形容词的主要含义是“文明的”。为什么又理解成“市民的、城市的”？比起城市，近代欧洲的乡下“不文明”，盛行领主与领主间和领主与农奴间的封建关系。当然“civil”还涉及各自治组织间能否“文明”地解决彼此的矛盾。换言之，居民自组织是否“文明”很重要。

我国传统社会里的居民自治是由“乡绅”组织的，那是基层的儒门弟子，有些甚至有秀才、举人功名，与科层治国集团同属一个代表中华文明的“儒党”。当然，如果科层体系堕落崩溃了，乡绅们找不到北，就会沦落为“土豪劣绅”。

党在本质上是扁平组织，不是科层体系。党的基础是党员和党支部。中国共产党有450多万个基层组织，总共有近9 000万党员，大体占成年人口的10%。因为中国共产党执政，所以有了强大的科层体系。我国科层体系有约1 200万人，基本由共产党员组成，但他们占党员总人数不到10%。也就是说，90%多的党员在科层体系之外。如果党只有那不到800万在科层体系里“执政”的党员，入党就是为了加入公务员体系——入党为当官，党就变质了，而且“执政党”就变成空中楼阁了。

什么是党的执政权？执政权就是在每个居民区动员和组织居民的权力和能力。党在哪个居民区丧失了动员和组织居民的权力和能力，党就在哪个居民区丧失了执政权。国民党的执政权不是在 1949 年 10 月 1 日丢掉的，而是早就没了，甚至从来没有真正得到过。当中国 90％以上的人口是农民，“农村包围城市”和“支部建在村上”的政权争夺意义就十分明显了。

随着国家建设任务越来越繁重，政府必然越来越科层化。要搞基础设施建设，政府就得设置基建部门，规划和协调建设。随着建设事业不断发展，市基建科变成了基建处、基建局、基建委。因为精细分工，扁平组织变成了官僚化的金字塔。官僚化导致法治化，照条文、程序、法规办事。因此，行政机关的别称是执法机关。

政府的官僚化、法治化并不是问题。问题在于党也官僚化、法治化了。执政党有科层体系不是问题，问题是执政党的科层体系若与其扁平组织脱钩，基层支部名存实亡，党就只剩下科层体系了。

相对于科层体系的概念是扁平组织。扁平组织在中国主要指的是居民社区。

什么叫社区？社区分为城市社区和乡村社区，在城市也分为工作社区和居住社区。乡村社区本质上是经济社区，城市居民区则基本没有经济功能。当年在乡村强行要求政企分开，而今需要深刻反思在经济社区里没有经济基础的社区管理。在城市，工作社区与居住社区截然分开。人们不是为工作而工作，而是为生活而工作。由于工作社区主要由市场主导，治理体系和治理能力指的主要是居住社区的治理。人民为生活而工作，8 小时的工作是为了 16 小时的生活，每周 5 天的工作是为了 2 天的周末，今天努力工作是为将来能安全退养。

居民区是社会的根本载体。其不仅是社会秩序的载体，也是社会文化和社会道义的源泉，承载着人民对美好生活的绝大部分需要和向往。“人民对美好生活的向往”或曰“人民日益增长的美好生活需要”，就是中国共产党的奋斗目标。

在传统中国，基层政府就是县政府。县政府只办几件大事，非常精干。“小事”由乡绅领着在社区里办，依“宗法”办，依伦理原则办，依天理人情办。因此，“以孝治天下”是汉朝以降历代王朝长治久安的脊梁。西方也一样，办小事靠包括教会在内的市民会社的自治。然而在西方，居民区的居民由教会组织，市民会社则主要在工作社区运作。这与中国颇为不同。

而今我国工作场域被市场严密组织起来了，但居民却变成一盘散沙了。居民区公德水平下滑，全社会的公德标准就下滑。居民区歪风邪气盛行，自私自利，占他人、集体、国家便宜的现象屡见不鲜。居民“自治组织”居委会呢？居委会高度行政化了，不再是居民的自治组织。居委会领导领政府工钱办政府事，成了各级各部门党政机关的腿。“上面千条线，下面一根针”，居委会天天忙于接受上级机关的指令以及被上级机关评比。另一方面，基层政府官员往往以缺人缺钱缺法律为借口，连居民社区里违法违规的事都不愿进社区里管。

谁来组织居民办小事，自己解放自己？于是，物业和居民矛盾重重，业委会、业主、物业、政府四方矛盾重重，房东与房客矛盾重重，违章建筑、违章停车等等现象在社区中层出不穷。于是，人人在制造矛盾，人人不满，四处怨声载道。于是，小事办不好，群众丧失了对党和政府的信任，修桥架路的大事逐渐就办不成了。更有小事拖成大事，大事拖到爆炸，让“维稳”成为全国各级政府的重大任务。为了“维稳”，因为“怕事”，若非办“大事”所迫，政府更不愿去社区“管闲事”，给自己“惹麻烦”。

对群众而言，涉及自己直接利益的“小事”显然重于国家建设的“大事”。社区组织的解体使得亿万无组织的个人找有组织的科层体系办“小事”。如果不要无赖，个人很难与组织博弈。而每日面对无赖，科层体系想不无赖化也难。于是，中国的社会主义“按闹分配”，忠诚老实的群众却在吃哑巴亏。

党的执政权就是在每个居民区里动员组织人民的权力和能力。党应当在居民区里把群众组织成人民，让人民有权力维护人民的权益，过文明美好的生活。今天居民区里哪有党的力量？在社区里，我们党的 9 000 万党员在哪？每 10 个成年人里就有 1 名共产党员？当一名科层体系外的普通党员有什么使命，有什么光荣？

党的执政权面临的危险来自重视办大事、轻视办小事，来自会办“大事”、不太会办“小事”，来自重视近 800 万党政机关里的党员、忽视 8 000 多万普通党员，来自基层支部丧失功能或被科层体系颐指气使，来自党员交着党费却感受不到作为党员的使命和光荣。如果连普通党员都脱离了，怎么会有群众路线？怎么会有从群众中来到群众中去的宏观政策？

为什么当年没钱没枪、办不了国家大事的共产党能获得广大群众支持，最终夺取了政权？因为我党的干部战士无论走到哪里都“办小事”，即“缸满院净，为家家户户排忧解难”。《智取威虎山》的故事是这样的：山民们不愿冒带官兵剿匪的风险，因为官兵不常在，土匪常在。但解放军剿匪小分队里的医生救活了猎户李勇奇即将病死的母亲，所以李勇奇舍命帮小分队组织村民自治，修铁路运山货为村民挣粮食。小分队剿匪打的是人民战争。因为我党为人民办了三十年“小事”，所以有沂蒙山的农民们把“最后一块布、最后一碗米、最后一个儿子”交给解放军，所以有淮海战役“60 万打赢 80 万”的奇迹。

老子称，“上善若水”，因为“水利万物而不争，处众人之所恶，故几于道”。水的道理有三个。第一是“利万物”，而非重在利高贵。第二是趋下、“处众人之所恶”，总往高贵所不耻的卑下地方去，艰苦朴素，与底层群众在一起，不以琴棋书画、诗酒茶花的鉴赏力为荣。第三是“不争”，谦虚谨慎，顺势而为，“俏也不争春”。上善若水，只要位居于上，保持“上善”就不可能。水往低处流，可人要往高处走，所以“大江东去，浪淘尽，千古风流人物”。共产党要往低处走，同最底层的百姓在一起，激活党员在社区中的作用。

《周易》有两个著名卦象，分称“否”和“泰”，成语“否极泰来”就源于这两个卦象。三条阳爻在上，三条阴爻在下是“否”，是大凶之象。官员以政绩谋升迁，属天然上升的乾阳之气。百姓过日子彼此斤斤计较，属天然下降的坤阴之气。将上升之阳置于上、下降之阴置于下，双方就背道而驰，所以卦辞是

“天地不交而万物不通也，上下不交而天下无邦也”。相反，乾坤倒置，三条阴爻在上，三条阳爻在下，双方则相会相交，就是“泰”，是大吉之象，卦辞是“天地交而万物通也，上下交而其志同也”。因此，百姓生活的小事比国家建设的大事重要，扁平的基层组织比科层体系重要。科层体系谦虚谨慎，以小事为大，以社区自治组织为上，就有国泰民安。中华老祖宗在三千年前的《周易》时代就精彩地诠释了“人民当家作主”的深刻道理。

“以人民为中心”的新时代需要把社区居民重新动员组织起来。只有把群众组织成人民才能维护人民的权力和权益，让人民在自己的居住社区当家作主，才能建设文明美好的社会。这就要求调整微观的社会政策，“以小为大，以下为上”。以小为大就是群众社区生活里的“小事”重于国家建设的“大事”。以下为上就是让扁平组织重于科层体系，让人、财、物向基层倾斜，让居民社区和党在居民区的基层支部重于党政科层体系，让党员党费的大部分进入该党员居住的社区党支部。

这就是我今天要讲的，谢谢大家！

## 问答环节

**主持人：**风闻社区的网友们事先给潘维老师准备了一些问题，我这里念三个。

第一个问题来自风闻网友“WUJIAPO”。您的研究重点跟“人民”二字有关，您如何看待北大国发院李玲教授的问题——

“为什么关系到国计民生的问题，最终交给了资本家？”

**潘维：**让一部分人先富起来，就会让资本在医疗、住房、养老、教育等领域起越来越大的作用。以人民为中心的发展就是个修正、调整。政府能在住房领域出重手干预，在其他领域也可以。

在医疗方面，各种利益集团势力真的太强大了，但主要问题还是出在高层领导的思路上。医疗是事业还是企业？如果医生都是生意人，为赚钱而行医，这样的社会就太恐怖了。医疗机构不是营利机构，从起初就不是。况且，野蛮资本主义的时代已经过去了。

**主持人：**第二个问题来自风闻网友“Zhuzi”。现在大学毕业生大量进入民营企业领域，他们掌握了很多知识和权力，但缺乏跟政府进行有效沟通的渠道，这恐怕是中国历史上第一次有大量知识分子游离在政权核心之外。向您提问，体制外知识分子的政治需求如何满足？是否会给政府管理带来挑战？

**潘维：**这问题提得非常好。共产党已经注意到这问题，只是大家对解决方案的想法不一致。

大量知识分子游离在政权之外，他们的诉求怎样满足呢？传统的八个民主党派加上无党派人士、工商联，贡献与政治地位不太匹配，政治标准也不再清晰，比如是否认同社会主义和中国共产党的领导。我看各层级和各方面的党政机关都应建立专业的“咨询委员会”，吸收有专业知识的人，包括企业家、小生意人等等。广泛吸取大家的意见，与大家的诉求互动，就是扩大的、全面的统一战线。我认为这件事情很重要，应当做。

**主持人：**第三个问题来自凤闻网友“赵勇—西雅图”。现在乡镇一级人员的工作积极性如何提高？

**潘维：**城市社区分为工作社区和居住社区。农村社区与城市社区不一样，主要是有生产功能的社区。因此，在乡村里实行政企分开是很值得反思的，政企合一是成功村庄的普遍特征。

乡镇政府是我国最基层的政府。乡镇公务员工资低、任务重。但如果乡村自治做得好，政企合一，乡政府人员可以大幅精简。乡村自治办不起来，乡镇工作当然就繁杂了。过去人民公社的领导机构只有几个人，而今天的乡镇政府很庞大。传统中国的县政府规模都小，其中的主要原因是自治组织有效。那么中华的传统是否应该好好地想想？我刚才不断提到中国的历史、中国的革命史，是想继承中国传统的遗产，告诉大家我们曾经做得挺好。

今天中国的医疗领域出了问题。我们提醒大家，我们曾经把医疗问题解决得挺好。如果做横向比较，我们能看到贫困的古巴却把医疗问题解决得很好。

**现场观众提问：**未来，人会变得越来越个人化，人工智能有替代我们进行生产的趋势，这些可能跟您说的那种社区状况起冲突。您怎么看待技术对人类社会的影响？

**潘维：**有人曾问我，既然人工智能机器将取代一切劳动者，大量的人做什么？怎么管理人人没事做的社会？社会政治是怎样的？我的回答是，您得请教“未来学”，那属于人文类。我们做社会科学研究的人只研究已经发生的事。

以往，每当出现科技大进步都会有一批劳力失去工作，但每次科技大进步也都创造了更多的劳动岗位。所有人干的活儿都被机器取代？我想象不出那种可能，更反对拿这个可能当成现实，故意搞掉我们的工作。我讲同一名称的课，但每年讲的内容不同，讲法也不一样，我与学生共同成长。环境在变化，每天都有重要的事情发生，我的认识也在不断地变化。还有，表述是艺术，我的表述也在变，因此我拒绝参加录制“慕课”，让资本家付我一次费却砸我和他人一辈子的饭碗。简单说，我不相信人的思想创造会被机器取代。如果人与自然的关系能被机器取代，机器能取代人与人的关系吗？不太可能。

更终极的问题大概是人工智能这个概念。我们好像还不知道自己的大脑怎样学习和记忆，谈模仿大脑实在有点远。作为外行，我不会讨论这个终极问题。

**现场观众提问：**我是教法律的，退休后在小区生活，单位从工资到生活管得很好。最近他们要在社区建党支部，为什么？

**潘维：**您居住的社区可能没什么糟心事儿，但全中国各处的社区充满糟心事。上海实在做得太好，所以您很难理解社区管理差的现象。在北京的核心区，比如鸟巢对面那个社区，好几栋高层居民楼，房价是周边的一半。为什么？混乱，商住两用，步梯成了民工的厕所，居民上班上学以及回家挤不上去电梯。在上海，你很难想象北京城市管理某些方面之粗糙，社区周边道路充满汽车，在行车道上都随便停车。

而今卖房子的都说楼顶要多卖钱。楼顶怎么会贵呢？因为开发商说楼顶上你随便搭建，我睁一眼闭一眼。所以，很多居民楼的楼顶都有违章建筑。违章建筑意味着大楼原本的设计承重被违反了，楼下的窗子会提前变形，更对其他业主而言是房屋买卖的不公正。谁负这个责任？没人管。社区里有人爱养狗，也有人喜欢喂野猫。但有人特别讨厌狗和野猫。怎么办？人民的不满大多是社区生活里的小事儿。有钱人住的昂贵别墅区是不是好一些？未必。有些特别有钱的人也喜欢搭违章建筑，楼顶不行就往地下挖，习惯靠伤害集体的高风险动作赚钱了。

**现场观众提问：**有什么样的人民，才有什么样的居委会，有什么样的政府。人民素质问题怎么解决？太难了。百年树人，我想是不是需要一百年？您用中国人来举例，我又看到爱因斯坦说到中国人，我很悲观。我们的缺陷在哪里？什么时候能改变？怎么才能改变？谢谢。

**潘维：**有些人认为，有什么样的人民就有什么样的政府。也有些人认为，有什么样的政府就有什么样的人民。说政府太混账，公众能接受。但说人民太混账，公众很难接受。其实，这话是个循环逻辑。恶性循环还是良性循环，取决于治理体系和治理能力。

有高质量的领导，就有高素质的人民。早年在大陆执政的国民党政府由素质很高的人当部长，大多有洋学位；而共产党的领袖们绝大多数是“土包子”。但共产党接管政权后，还是同样的人民群众，但社会管理质量高多了。一夜间解决了赌博、娼妓、通货膨胀问题。计划经济时代上海的半两粮票被全中国当笑话说，但那其实代表上海高质量的社会管理。

中国农民被说成素质很低，但怎么到新加坡旅游时素质就变得特别高？那是管理水平问题。禁令伴随高额罚则，没有罚则的禁令基本是胡扯。

民间自组织业委会为什么干不好？因为背后缺乏强有力的文明组织。共产党员个人支持业委会组织人民当然斗不过地痞流氓。但背后有组织，有支部，是执政党，就完全不一样了。其实，努力去改善社区公共秩序的积极分子大多是共产党员。但今天他们谁都不愿公开承认自己是党员，因为社区没有党组织，没有党组织支撑。社区办大家的事，大家不愿出钱是很大的问题。钱被业委会的头头们假公济私，更加剧了对业委会的信任问题。共产党员们每月交好多党费，党员们办公共事务怎么没钱？共产党领导执法机关，党组织怎会没力量？让社区居民都看到共产党员们出钱出力解决社区问题，人民怎会不衷心支持共产党？所以，党在居民社区里的基层组织比党的科层体系更重要。

世上最长寿的科层体系是天主教廷。教廷历一千数百年迄今不衰，新教信众远不及其半数，主要原因有三条。（1）为保障坚定信仰和坚强使命感，全体教士不蓄私产；（2）强调扁平组织是教会生命，善款发还基层，使教堂覆盖每个居民点、每个贫民窟；（3）权力来源自下而上，以保障自上而下的权力运行“不忘初心”。

有人说，你这不是主张回到严密控制社会的过去吗？我认为不可能回到过去，人不可能两次踏进同一条河里。但过去给新方案启示，将来就有点像过去。这是否定之否定或者正题、反题、合题。家庭管私事，社区管小事，国家管大事，这就理顺了。

**现场观众提问：**我之前做支教或社会调研，农村最缺的其实是人才，是软件方面。所以现在北大马克思主义学院院长提出一个新说法，叫“新上山下乡运动”，一是因为现在大学生很多找不到工作，还有因为农村缺人。但他一提出这个就有很多人反对，对于“上山下乡”这个字眼或者知青非常敏感，我身边一边倒地批评。您认为现在推行“新上山下乡运动”，还有可行性吗？

**潘维：**熟悉乡村事务的人都知道，而今农村严重缺乏人才。但为什么有的村庄不缺人才甚至还能招引外来人才？从生产关系上可以理解这个问题。

如果每户只有几亩地，不值得耕，就抛荒了。没有生产就没有收入，所以劳力跑光了。找个大学生来就能解决没有劳力的问题？按照我国《宪法》和《土地管理法》规定，乡村耕地归集体所有。一个行政村平均有三千亩左右耕地，也是美国一般家庭农场的规模。有了规模，种植和养殖就未必亏本。我们都同意土地流转集中。问题是怎样流转集中？现成的土地所有权不去用，却要每户“确权颁证”。为城里资本进入炒作耕地做准备？如果容许城里的钱去乡下炒作耕地，把耕地从每亩三万炒成三十万，谁还会去种粮食？城里的房子炒完了就去乡下炒耕地，这个国家就真堕落了。所以，农村人才问题其实是生产关系问题，是土地制度问题。在我看，大学生到村里陪空巢老人打麻将，不如留在城里陪爹娘。

# 都市的治理体系与治理能力*

## 一、落后的大都市治理体系和能力

大都市提供有创意的自由生活，但生活自由是有代价的。“城邦”在古希腊文里指的是“城市的公共生活”。这个词后来在拉丁文里演变成“基本法”或“政体”，在当代西方语言里又变身为“警察”。而今昂贵的警权支撑现代大都市的公共秩序。警权崩溃，军队只好登场，无论何种“政体”都裸奔。既然城市的自由生活代价高昂，成规模的都市治理行动必定成为世界舆论焦点。

为什么北京在治理体系和治理能力上不如欧美大都市，不如东京、首尔、新加坡，也不如我国香港甚至台北？北京商业区秩

---

* 本文是 2018 年 9 月作者在北京市某干部培训班的讲课整理稿。

序尚可，行政区秩序井然。但居民区及其周边道路的混乱与我国首善之区及大都会的形象完全不合。仅举下述五种现象为证。1. 随处可见机动车占用行车道、自行车道甚至人行道停车，昂贵的公共道路被侵占为私产成了“新常态”。2. 随处可见商住混合及非法违章建筑，居民楼的地下停车场被改成仓储和居所都没人管，崭新的居民小区迅速蜕化为城中村。3. 居民区内公德不彰，居民们互坑互害，社会向弱肉强食堕落，不满情绪四处蔓延，管理演变成“维稳”，维稳的压力和成本逐渐升高。4. 居民楼和商业楼的各种显眼位置被租售给广告商，原本精心设计并经严格审批通过的城建外观被随意改变。5. 基层行政执法司法队伍纪律松弛，其不作为或作为不力与居民区内部和周边的非法、违规行为有密切关联，例如准黑社会抢占公共空间甚至道路收停车费，价格经常可以“商量”。

**为什么京城治理落后？下述六种理解很流行，却相当可疑。**

**1. 别国人均收入比北京高。**然而，在人均收入远低于今日北京之际，欧美和东亚大都市的管理就比今日北京好很多。上世纪 80 年代中以前，800 万北京人穷，市政府穷，硬件落后，但那时的都市治理比现在严谨、严密、先进。京城第一家外资大饭店是“机场丽都”，是外国直接投资的试点，但饭店开业后连续数年申请在机场路旁设广告牌都未获批准，担心开先例影响国门大道景观。那时没有机场高速路，机场路是国家脸面，对开路边广告先例很慎重。那时在市里骑自行车带人不仅被禁止，而且是有人严管的。数年前，“法无禁止皆可为”成为政界的流行语。

那是中世纪末欧洲商人与农奴领主在小乡镇里博弈的口号。那些商人没见过工业时代，更没见过上百万人口的大都会。何为都市？孟子说得好，“不以规矩，不能成方圆”。**规矩远远多于和严于乡下才是城市。**大都市为什么能吸引投资？不是因为那里无法无天，而是那里的政商民三方都被迫“循规蹈矩”。

**2. 人多，乡下来的新移民多。**然而，纽约、东京、洛杉矶、旧金山、首尔的都市圈也暴增到两三千万人口。上海、深圳、香港也是人口高速增长的移民城市，也是“农民工”城市，其治理却比北京强得多。淡水都没有的新加坡，近三十年人口暴增一倍，还对全世界开放了免签证旅游，连南美洲的小偷都去了，社会秩序却跻身到了世界顶级。印度、拉美、非洲有不少假的大都市，都市人口虚高，半数“城市人”在没电没水归黑社会管的贫民窟里已经生活了数十年。那是政府的都市管理落后及乡村土地政策无能。**那不是乡村的城市化，而是城市的乡村化。都市不会因扶贫而先进，只会因先进才能扶贫。**阶级斗争观念能理解落后都市中的贫民窟，却理解不了管理大都市的逻辑。

**3. 患了世界流行的“大城市病”。**然而，拥堵才会有地铁之类的世界先进解决方案，缺水才会有先进的水利和水处理工程，社会秩序混乱才需要纪律严明的城市各行业执法队伍。为什么考古界用**金属、城池、文字**这三大标准判定古人类群体是否进入“文明”阶段？**而今的学界把人类文明从内容上分为三类：技术、社会、知识。**城市是社会文明的代表。所以，罗马城是罗马帝国社会文明先进的象征，长安城是汉朝、唐朝社会文明先进的象征。**古今中外，大城市始终是人类社会进步程度最明显的标志；毁灭人类社会文明主要指的是毁灭大都市。**而今很多大城市得了病，但也有很多没病，至少没有公认治不了的病。“大”本身不是“病”。得了“绝症”的大都市大多在落后国家，可见“大城市病”主要与治理体系和治理能力相关，而非来自“大”。

**4. 市领导缺乏权威。**的确，中央党政军机关群集北京，都有干预京城管理的利益冲动，也都拥有某方面的更高级权力。于是，京城的“衙内”远多于其他都市；于是，北京市连“府衙”设在哪里都不由自主。然而，成为“首都之城”的所得远超所失。北京有全国“首善之区”的历史声誉乃是因为“天子脚下”人才济济、财力充沛、秩序井然。这三条优势对资本形成强大吸引力。拱卫中央固然分去了京城五分之一以上的警力和其他人力物力，但也提升了就业和财力。十八大后，“坑爹衙内”近乎绝迹。中央迁徙北京市机关的决策带来了生机勃勃的通州以及北京主动向天津靠拢对接，初步形成北京都市圈，体量远及河北“雄安”。除美国首都外，大国的“首都之城”均为世界大城、名城。

**5. “虹吸效应”。**珠三角和长三角地区的大城市对周边有强大的“放射效应”，形成了大都市圈。而北京的“官商学结构”却制造了巨大的“虹吸效应”，以致天津市和河北沿海大量的人、财、物流向北京，形成了独特的河北省“环北京贫困带”。北京的虹吸力还远及东北、内蒙古、山西，使辽阔的北方缺乏繁荣的大都市。如何解决北京的虹吸效应问题？这超出了本文主题，而且中央出台了震惊世界的“京津冀一体化”战略方案。这里仅指出：北京的“虹吸效应”意味财力充沛，本应与治理水平高有关，至少不该与治理水平低相关。

**6. 都与市功能混合。**然而，都与市分离、有城无市的典型是美国首都“华盛顿哥伦比亚特区（Washington District of Columbia)”，简称D.C.，即“哥伦比亚特区”。由于美国人民出奇地厌恶政府，联邦首都要安排到远离市场的州界荒野小镇（有如中文里的“湘赣边界”）。美国许多州，如东岸最大的纽约州和西岸最大的加利福尼亚州，也把首府安排在州界附近远离市场的荒野。有城无市的D.C.是联邦政府例会之处，在美国还代指“肮脏政治交易”。D.C.常住居民主要是资料员、智库研究员、底层公务员、安保人员、旅游讲解员、旅馆服务生、清洁工……城市缺活力、缺文明、充斥贫困，而且治安状况之恶劣在全美臭名昭著。联邦高官和游说高官的律师们不在那里住家，总统离任后更无一住在那里。**建都易，建市难，建大都市难上加难。**类似北京这样的世界级大都市是饱经了数百上千年水火和战争磨难才凝结出的社会文明结晶；而D.C.是美国特殊政治文化的怪胎，不入世界著名“首都之城”行列，也不入美国大都市之列。

治理是政治，研究治理体系和能力问题的前提是了解下述政治生活的基本逻辑。**权力是支配人（而非仅仅物）的能力；政权是管理社会公共事务的组织。**古今中外，政权分两个主要层次：(1) 宏观政治生活层面的科层体系；(2) 微观社会生活层面的扁平组织，即基层群众自治政权。科层体系管理国家公共事务**大**

**事**，扁平组织治理居民区公共事务**小事**。比如官绅分层、官绅一体的传统中国政权。**就“民心”而言，基层重于科层，小事重于大事。**共产党早期领导人深谙中国的“民心政治”，在农民占94%的农耕社会里制定了“支部建在村上，农村包围城市，武装夺取政权”的战略。在长达二十多年的游击战、运动战中，我军无论驻扎在哪里，都要“缸满院净，为家家户户排忧解难”，并严格执行“三大纪律八项注意”。这不仅为最后夺取政权奠定了基础，其影响甚至远及上世纪80年代我国农民勉强服从“一胎化”政策。**治国之道的精髓在于以下为上，以小为大，获取民心。**领导科层体系和扁平自治组织，连接并统合两层政权的是执政党。**政党在性质上是扁平组织，因为长期执政才会有强大的科层体系。**由于中国共产党是扁平组织，就有多达400万个支部和9 000万党员。党员是党的躯干、主体；党委是四肢，党中央是大脑。党一旦长期执政就发生异化即科层化，关注死的财物而非活的人民成为巨大诱惑。当科层性淹没了扁平性，入党仅为进入科层体系“当官”，科层体系与400万个党支部的关系就会变质，“以小为大，以下为上”就不可能，科层体系里的近800万党员与科层体系外的8 200万党员就脱离。一旦科层体系成为空中楼阁，“执政为民”就只能是理论的而非实际的存在了。**党若丧失基层社会层面的领导权也必然和等于丧失国家政治层面的领导权。**上述政治生活的基本逻辑是探究都市治理体系和能力的理论基础。

## 二、都市与乡村的不同

与乡村不同，都市是社会文明的生产和消费基地，是自由生活的化身。自由来自秩序，秩序来自严格、无例外的执法。**生活自由的程度与特权成反比，与无例外的严格执法成正比。**我国现代都市管理的最初模板来自西方列强在华的“租界”，租界依赖警权建设。就政治而言，租界作为整体的存在代表中华民族被压迫和丧失自主权。但就城市管理而言，租界内外在治理体系和治理能力上泾渭分明，界内是都市，界外是准乡村。

**都市与乡村有三大不同。**

**第一，与“乡下”不同，都市的命脉是公有财产和共有财产。**私有财产高于公有和共有财产是乡下的“小农”观念，与现代都市生活格格不入。所以，严格执法，使公有和共有财产不受侵犯，是都市秩序的命脉。

**第二，与“乡下”不同，都市居民的生存靠理性、算得失账。**都市不是熟人社会，说教或亲情远不敌理性。秩序仅在违规成本高于违规收益时才能确立，而且在治理收入高于治理支出时才能维持。所以，严厉的罚则是都市秩序的命脉。

**第三，与“乡下”不同，都市的公共生活规矩环环相扣。**都市人口密集，所有人相互依存，牵一发而动全身。如一台精密仪器，一条规矩被破坏没人管，整个治理体系就崩溃。所以，全面执行所有公共生活规矩是都市秩序的命脉。

**首先，为什么私财高于公有和共有财的观念是“乡下”观念？**

**公有财产是大都市的命脉。**什么是大都市？大都市就是公有财产，就是道路、给排水、电力线、燃气管、机场、港口、火车站、汽车站、地下铁路及地上站口、空气质量、水质量，特别是交通、治安等社会公共秩序。没有这些公有财产就没有大都市。都市公有财产的建设、养护、维系极为昂贵，而且侵占和损害公共利益可以获得巨大的私家利益。**在大都市，落后的治理体系和低下的治理能力主要体现为默认私家侵占公有财产获利。**问题不在私人买汽车的自由，而在私人汽车停放侵占公共道路空间。市政府拆迁、建路、养路，目的不是给私家车建停车场。花5万元买个汽车就侵占市值高达500万元的10平米平层公共空间，京城所有街道的所有时间就都拥堵，而且无法清扫道路。如果严禁在行车道、自行车道和人行道上停放机动车，严禁在狭窄胡同里停车，让有限时段的路边停车与修建、养护、管理的价格匹配，如同纽约、东京、香港、新加坡，北京不必实行购车限制，虚高的京城人口会立即下降。

**共有财产也是大都市的命脉。**什么是大都市？大都市不仅是公有财产，还是共有的“公寓”，大都市居民住在公寓楼里。与“乡下”的独栋或联排住宅不同，居民大楼在性质上属于共有财产，其生命、寿命、价格取决于共有财产的管理程度。为什么？因为大楼的主体结构、地下各层、上下水管、电力、电梯、网络、噪音、垃圾、庭园、外观、周边，全由业主们共享，一荣俱荣，一损俱损。一家着火或者装修破坏承重结构或外墙，全楼遭殃。所以，私家室内装修不是私事，而是全楼的重大公共事务。由于公寓业主们在共有产权大楼里的股权大致均等，管理只能“集体信托”给物业管理公司。谁来组织居民？谁来监督管理物业公司？谁能制止居民区内违规和非法行为？**在大都市，落后的治理体系和低下的治理能力体现为默认私家侵占共有财产获利。**政府、居民、物业公司三方对共有财产的理解是都市秩序的关键。如果**居民们认为**自己在公寓楼里买的单元房是“私产”，自家可为所欲为，甚至把物业管理公司当成“自家养的狗”，这楼很快就变“乡下”。如果**物业公司认为**自己是居民的“管家”而非社区集体聘请的、管理每户居民的总经理 CEO，这楼很快就变“乡下”。如果**政府认为**大楼是私产，楼里发生的事与公共事务无关，不去认真组织居民，不去监管物业公司，不给物业公司随人力成本变化调整物业费的权利，甚至不进居民楼执法，全城的居民区很快就变“乡下”。一旦首善之区的公德落入底线之下，城市“治理”就变成“维稳”，大规模吞噬城市居民的税款。

**其次，为什么都市居民是理性的，靠算得失账生存？**

人都有理性（算财富得失账）和非理性（情感、文化、道德）两个方面。但比起乡村，大都市财富量巨大，生存竞争激烈得多。在这里，花一夜功夫偷盗马路井盖比在乡下种一年粮食赚得多。在这里，巨大的公有和共有财产能被容易、迅速地化为私家利益。在这里，说教、口号、标语等等乡下的宣传方式不敌巨大的私利，主要是给上级视察作秀。若一家占“公家”便宜没人管，人人就都会去占这个便宜，“破窗效应”立即发挥作用，都市的社会正义秩序迅速崩溃。一家在门口放鞋占用 1 平米共有的电梯厅不受惩罚，邻居不占就吃大亏了。那不是“素质”问题，而是高达 10 万元的财产使用权。所有住户都占 1 平米，全楼电梯厅瞬间变臭鞋厅，一损俱损，大楼物业价格一起跌落。管理这种事固然是物业公司的职责，但没有行政对签订“社区契约”的指导、对物业公司的监管，以及执法和司法机构对“社区契约”罚则的支持，物业公司必定软弱无力。

**再次，为什么都市公共生活规矩环环相扣？**

都市人口密集，所有人之间都相互依存。楼里有一家居民不交物业费，大楼全体住户都有理由抱怨物业管理质量而拒交物业费。如果法院不支持“滞纳金”契约，甚至给长期拒交物业费的业主“打折”，野蛮装修破坏楼房结构的就没人管了，公电、电梯、垃圾清运、上水泵、下水管、设备维修等等就没人维持了。部分群体抗议事件貌似源于居民与物业公司的矛盾，背后的原因却是法院不支持滞纳金，默许私人占集体便宜。为什么违章建筑在乡下不重要，但在都市极为重要？都市公寓大楼顶上的违章建筑破坏城市最大商品的买卖公平，破坏建筑结构、破坏楼顶防水和建筑外观，降低大楼寿命，并使楼下所有窗子过早变形、关不紧。由于行政和司法机构长期不作为或作为不力，京城违建甚多，私人随意侵占居民集体的共有空间，开发商甚至把大楼地下车库和人防工程变成谋私利的巨大来源，变成仓储甚至出租给人住，北京城人口随之暴增。若京城的执法和司法机关严格、严谨，公寓楼地下产权不可分割出售，政府严格实行用途管理，京城虚高的人口会立即下降。

**商业场所不能居住，居住场所不能经商。**从城市文明产生之初就有这规矩。从西周到唐朝的“坊市制”就是规定住宅区（汉称“里”，唐称“坊”）与商业区（市）分设，“坊内无店肆，市内不住家”。而今这都市规则世界通用，也是京城本地法规。办公楼租金和管理费昂贵，水电气价格远高于居民楼，占居民共有财产便宜能提供巨大获利空间。但行政和司法对公寓楼里发生商住混合不制止、不重罚，工商机构至今还在给公寓楼里的“公司”发营业执照，通过“年检”，默认私家侵占共有财产获利。居民楼里充斥雇员、顾客、货物、广告，但电梯折旧和电梯电费却要全体住户承担。如此，公寓楼变“乡下”，人口当然虚增。若行政执法和司法机关严格执行禁止商住混合的法规，京城虚高的人口数会立即明显下降。

政学两界很多人以为，我国社会处于“转型期”，上述现象来自“转型”，是必然的，也应当容忍。对不起，现代社会永远在“转型”，不转型就不是现代社会。既然转型是现代社会的常态，拿“转型”为管理无能进行辩护就是荒唐的。

**百姓并不需要什么“转型期”，需要“转型”的是管理者的思维方式。**若大都市严格执行城市公共生活的规矩，居民原有的生活习惯可以瞬间改变。所有先进大都市规定禁止在地铁车厢内吃喝，禁止高声用电话聊天或谈生意，因为那会让密集、封闭的公共环境里充斥异味和噪音，让百万计的乘客出现烦躁和暴戾情绪。新进都市的人不知道公共规矩情有可原。但若在地铁车厢内公布罚则，比如千元罚款，买票就是签订了与运营方的契约，而行政和司法支持这种“霸王条款”式的民法契约，对不服从管理的乘客就有了强制手段。每天有一个乘客被罚，就会让地铁里的落后现象迅速消失。新加坡地处赤道边，北纬1度，每天下场大雨自动冲洗道路。当地人曾有随地大小便的习惯，第一代“组屋”楼房还有牵猪入住的。但重罚之下不过几年，新加坡各族居民就改变了原有生活习惯。我国乡下人习惯自由自在，但去外国旅游就会自动关心当地规矩，如吸烟和扔烟蒂的规矩，以免遭到惨重处罚。只要严格执法，市民们瞬间就能养成良好的公共生活习惯。不是我国人民的素质落后，而是治理体系和治理能力落后。

**管理者还经常声称不进居民区执法是因为缺乏人手。**其实，居民们并非不讲理，只是“理性”而已。重罚一家，其他家会立即遵守规矩。治理体系落后、执法不严、经常“搞运动”，执法队伍不仅永远膨胀，而且永远缺人手。

换言之，京城的基层党组织和基层政府部门未能有效承担组织居民的责任，未能有效承担监督物业公司责任，行政执法和司法队伍默许私人侵占公有和共有财产，是治理体系落后和治理能力低下的根本原因。**京城人口虚涨，人人感觉不自由，人人不满，被误读为“大城市病”，病根其实是治理体系落后和治理能力低下。**

有学者把严格执法理解为“阶级斗争”。这很荒诞。容许私利侵犯公益不是“阶级斗争”，而是容许私人偷窃公有和共有财产，践踏市民社会生活的自由与公正，践踏社会文明。我国很多人愿意移民美国甚至空间极度逼仄的新加坡，原因是那里的都市执法比我国严谨，人情和例外少得多，从而有更多的自由和公正。

## 三、治理都市的六大原则

具体说，大都市的治理要遵循以下六大原则。六大原则环环相扣，构成一整套大都市的**治理体系**，给不断改善**治理能力**提供标准和空间。

**第一，精细计算治理成本。**如果治理成本高于治理收益，这事就不能办，禁令就不能推出。不可持续的禁令会严重损害政府的公信力。北京曾推出行人闯红灯过街罚款 10 元的规定，还在北京电视台大肆宣传，成为著名笑柄。违规者不肯给这 10 元怎么办？派 3 个执法者对 1 个违规者实施“行政拘留”，成本是 10 元？管理理性的城市居民要靠政府有理性。精细和透明的成本收益核算就是城市管理的理性和人民性，反之则是官僚主义。

不精细算账，满街贴标语，抽风似地“搞运动”，是非常“乡下”的管理方式，成本高到不可持续，而且经常出现违法行为，是典型的官僚主义。官僚主义是执政党的死敌，市民们会怀疑官员能力低下而且滥用公币。违章停车成本是零，政府雇人看着街道给违章车拍照贴罚单的成本是多少？管理大都市，须精算每个执法者每分钟的成本。治理成本应当对市民透明，不仅显示政府管理的理性，让新闻界监督政府算账，而且让公民们了解：治理违法的成本须由违法者承担，不能让全体市民分担。

**第二，用沉重罚则支撑所有禁令。**没有罚则的禁令是缺乏执法意愿的空话。都市居民是理性的，靠算得失账生存。依赖“说服教育”不仅会把好人变成无赖，而且会制造执法者的腐败空间。所以，任何禁令都必须伴有远高于执法成本的罚款数额，使禁令可持续。罚则就是长效机制，长效机制就是罚则。

北京二环与三环间的紫竹院公园旁有座“人济山庄”小区，小区内 4 号楼楼高 26 层，曾经“高档”。约十年前爆出该楼楼顶有座“空中山墅”的巨大违章建筑，那位“高素质”的“医生教授政协委员”业主住在顶层，却如同在乡下住独栋，把共有的楼顶也“私有化”了。仅建设这栋“宏伟”的违章建筑即用时六年，闹出轰动全国的新闻。问题是，爆出新闻十年后的今天，“人济山庄”4 号楼楼顶的违章建筑还没拆完，仍未恢复原状，而且大楼已经堕落成了“乡村”。那楼的土地使用权才七十年。私人在楼顶建大型违法建筑，必须责成违法的业主自行拆除，拆除前每天要按最高的市场租售价课征罚款，并广而告之，直到涉事业主在那栋楼和在其他地方的不动产被罚干净为止。房屋即使出售了也不能赖掉责任，而且未清掉违建罚单的房产应禁止出售。此例一开，京城的违章建筑立即就会自动销声匿迹。明知不对的事为什么有人做？因为理性，因为知道政府一般不管。其实，北京近十几年新落成的许多居民大楼的楼顶有违章建筑，而且基本都报告了执法者，执法者很多情况下不来执法，难怪京城居民怀疑某些基层执法者收受了贿赂。于是，撑死胆大的，饿死守规矩的，就成了京城的“正义”。

在香港，空调室外压缩机冷凝水滴到楼下人，只要有人举报，执法机构会立即来人处理，每天罚业主500港元，直到问题解决为止。为什么？因为处理此事需要若干部门的公务员协作，从处罚通知送达直到后续检查；还可能涉及取证、行政复议，甚至在法院打官司等。罚款不仅要覆盖全部成本，还要有收益，让政府提高执法人员收入，保持执法队伍士气。如果占用行车道停车每30秒罚款1 000元，占用自行车道或人行道停车每分钟罚款500元，直到把车的所有权罚掉为止，京城交通立即顺畅，根本就不需要车辆限购。

在英文里，美好与罚款是同一个词，即“fine”。美好的社会是“以罚代管”的社会。“以罚代管”比录用大量执法人员经济、有效。对违法行为不靠重罚，难道靠增加人力，让执法成本越来越高、腐败越来越多？而且，等着立法机构为每个城市和每项管理的罚则立法，非但跟不上通货膨胀速度，而且城市早就瘫痪了。立法跟不上形势变化，立法容易废法难，所以法多国必乱。如果一定要立法机构规定罚款，那不能是数量，而是“公式”，即按照一个公式，随每年通货膨胀率计算，有整有零。京城固然人多嘴杂、“舆论”压力大，但社会秩序就是正义，对正义缺担当的管理者不称职。以人民为中心，信仰人民，就会严格打击而非默许私人侵占公有和共有财产，就有打赢“舆论仗”的信心。

**第三，把都市执法的重心放在居民区内。**居民是都市生活的主体。居民社区的道德风貌意味着全城的道德风貌。居民区无德，全城市民都不会有德。工作场所有严格纪律，且雇有大量保安维持秩序。但人们不是为工作而工作，而是为生活而工作。工作岗位上的人被迫尽心尽责，但居家养小送老才是真实的都市生活。所以，居住社区才是城市生活真实的核心，“民心”来自居民区。

涉及百姓生活的“小事”有什么重要？人民生活的“小事”办不好，丢了民心，市民不再信任政府，城市建设的大事就不好办甚至办不成了。“以人民为中心”的发展不是“以资本为中心”的发展，更不是以政府办公区和金融商业街为中心的发展。得民心很重要。民心主要不是从商业和行政办公区里得到的，而是在居民区里得到的。这个道理，共产党进城之初就懂。现在很多官员异化了，忘了“初心”，热衷管物，不敢管人。

都市居民住在公寓楼房里，非常密集，所以居民楼越盖越高，经常高达几十层。每栋居民大楼都构成一个非熟人社区。社区秩序就是道德基础，居民区构成都市生活的秩序和遵守公共秩序的道德习惯。所以，居民楼内秩序必须有细致的公共生活契约，其中包括沉重罚则。这些关于公共生活的契约条例须由政府指导订立，由执法和司法机构予以支持，而拒绝执行契约的物业管理公司则应由政府吊销其经营执照。当这些契约得到遵守，成为习惯，居民们就不会违规，就会变得尊重和支持整个城市的公共秩序。换言之，都市的公共生活取决于该城居民区的公共生活。城市居民区的公共生活取决于行政执法司法主导的居民、物业、政府的三角关系。不进居民区执法，都市治理体系和能力就是空话。

**第四，治理体系主要在惩恶，而非锦上添花。**管理都市与建设都市是两件不同的事，一个主要管人，一个主要管物，两者不能混淆。建设的核心是**提供公益**（public goods），治理的核心则是**制止公恶**（public bad）。锦上添花不是治理，为市民生活雪中送炭，提供公平公正才是治理。不惩恶何以扬善？而今很多都市管理者愿意管物花钱搞城建，给马路不断翻新铺柏油，重新画线，重新种树摆花草，让上级领导沿路看着高兴；而管人则必然制造新闻事件，难度高、责任重、风险大、吃力不讨好，所以避之唯恐不及。老楼加装电梯属于人民自治的范围，不是该用人民税款做的事。那笔税款不应用于锦上添花，而应用于“治恶”，用于维护社会公正的雪中送炭。把社区事务“外包”给社会组织，而社会组织搞锦上添花的花架子，跑去给老人理发、陪老人聊天，在媒体上搞点“仁政”，成本远高于自助和社区互助。**愿做花钱的事不愿做担责的事，重视大事轻视小事，是治理体系落后的原因。**党的组织部门应懂得：做城建易，做城管难，花钱容易管人难，要根据“以小为大，以下为上”的原则，重视提拔有担当，敢进居民区执法和擅长组织人民的“治恶”干部。这是党联系群众，获得民心，坚持群众路线的重要准则。

**第五，要把基层执法队伍管成纪律严格、能协同作战的部队。**由于城市本身的复杂性，城市执法政出多门。环境部门要求饭馆厨房通气开窗，卫生部门则要求厨房全封闭。既然听谁的都不对，贿赂执法人员就成为常态，于是“规矩”成为基层执法人员外快的源泉。当亲商的“简政放权”政策成为商界最大呼声，“一放就乱”便随之而来。俗话说“阎王好见，小鬼难缠”。但为什么发达国家的都市里没有“小鬼”？原因还是在于我国都市里有“阎王”，也在于我国执法队伍快速膨胀，雇用了大量临时城管人员去“以恶制恶”。

要想改善我国都市的治理体系和治理能力，需要工资较高的一线执法队伍纪律严明、协同作战。他们执法活动的每分钟都必须精算成本。城市执法警队犹如一支武装部队，必须以统一的领导使之严密无缝地配合，并坚决执行“三大纪律八项注意”，绝不给“阎王”和“小鬼”生存空间。我国城市各执法部门在协同作战方面有天然优势，因为各部门都必须服从党的领导。问题在于党的领导要懂得城市管理的规律，并有为党获取民心的勇敢担当，即为人民服务的强烈责任感。

**第六，要发挥基层党组织动员和组织城市居民自治的决定性作用。**治理都市，主体是都市居民的自治。放在治理体系最后一环讨论，不是因其不重要，而是因其最重要。我国的社区自治不仅传统深厚，更有建政早年的辉煌成就：一夜间将大都市的社会之恶一扫而空，并持续了一代人三十年。那时的社会治理没钱，更没高科技，党员也很少，却把城市治理得很出色。为什么？因为居民区有党的出色领导，党的身边围绕着妇联、共青团、少先队里的众多群众“积极分子”。那时一个“居委会”只负责几十户人家，还有不拿一分钱政府补贴的居委会主任大妈。那是“民治、民享”、社会生活有公正的时代。那时城市管理的精髓是“走群众路线”，党领导人民自己给自己做细致的思想工作。那个时代的京城居民高度信赖党和政府。直到那个时代的末期，当北京城修建第一条高速公路，沿线村民们还自发去给工人送茶水，而不是当“钉子户”。小事办好了，大事就好办了。那个时代后来被舆论广泛诟病，因为60年代中后期管理精细到了插足居民家庭私生活。那些移民到了人人羡慕的先进美国，才发现“打孩子”会被邻居报告给警察，法庭居然会剥夺父母对孩子的抚养权；还有邻居会向执法者举报自己在自家后院晾晒内衣、种植蔬菜，或未经社区全体居民签字同意就进行室内装修。

而今，都市居民们不愿再忍受互坑互害，急切要组织起来治恶，组织业主委员会。然而，古今中外，所谓公民的“自发组织”很容易被“坏人”为私利所劫持。西方人要给社会自组织（society）加定语，即“文明的”（civil），因为自发的自组织很难是“文明的组织”，很可能是“黑社会”。只有政党和教会等文明的社会组织才能领导构建文明的市民社会（civil society）。我国的教训也十分惨痛。当年农村依法搞“海选”，结果是“白社会”结合了“黑社会”，“灰色的”基层政权遍布我国乡村，不得已重新要求“加强党的领导”。有学者认为，城市人素质高于农村，所以城市的“自发组织”会是“文明组织”。事实是：农村比城市文明，因为利益小得多，更是熟人社会，说教、贴标语顶用。

**党在基本性质上是扁平组织，其基本任务是组织动员居民，把“群众”组织为“人民”，维护人民的权力和权益，让公正和公平主导居民区的社会秩序，让人民自己解放自己，让人民为自己的美好生活自己去奋斗。**而今，我国有9 000万共产党员，几乎每10个成年人里有1个，但我国都市居民区里却没有共产党的支部。我国不断派员去新加坡学习社区管理，让那里的官员们十分吃惊，因为新加坡人民行动党的社区管理效法的就是中国共产党早年的社区管理。

**公共生活的宏观大事由科层体系办，公共生活的微观小事由社区组织办，居民的私事自己办。**把小事当大事，视基层组织重于科层组织，我国能迅速建立都市的社会文明秩序。有公平的社会生活，人民就心情愉快，就信任党和政府。在都市里，共产党员不分户籍，不分来自哪个省份，都应当尽党员的义务，都应团结在支部里。在每个小区甚至每栋大楼都要组成居民党支部，党支部与户籍属地无关，党员党费的大部分要交给社区党支部，用于社区公共事务。如此，在职的党员们出钱，退休的党员们出力，在社区组织业主委员会、房客委员会、旧物交换会、儿童乐园、老年联谊会、妇女联谊会、邻里聚餐会、邻里和宠物纠纷调解会、社区食堂、读书会……这一切社会组织的背后都是居民楼里的党支部，党支部的背后是居委会党总支、派出所、城管、法院……这都是我们共产党领导的。这样，居民们会为与党员家庭为邻而感到幸运，而每个党员也为自己所属组织的高尚而自豪，为在邻里受到尊敬而骄傲。党和政府花大钱把社区事务“外包”

给“非政府组织”，居然不知道本党就是中国最庞大的义工组织，拥有 9 000 万不要钱还倒贴钱去“为人民服务”的党员。若 800 万党员脱离 8 200 万党员，科层体系脱离 400 万个支部而成为空中楼阁，那就是我党的悲哀。因此，本文开头就讲解政治逻辑。

治理体系的“现代化”说起来复杂，说白了也简单，就是管理楼房居民和管理平房居民的办法不一样，也即治理北京五环内的办法与治理乡村和城乡结合部的办法不一样。

治都市难还是治乡村难？我党用三十年重组乡村社会，锻炼出高素质的队伍，所以重组城市社会只用了三年。但此处的要点不是判断难易，而是指出治理方法截然不同。大都市代表“现代”。而今中华复兴大业要求“现代化”，要求把治理的重心放在城市，特别是大都市。“城市包围农村”的时代早已降临。

学者提出该做什么，智库专家论证可行性，决策者决断做不做。一旦决定做，决策者就要策划做事的顺序、时机、节奏（推进速度）。赢得棋局或牌局的目标是明确的，但输赢就在出手的顺序、时机、节奏。做不同的事要求不同的顺序、时机、节奏。因此，管理不是科学，而是门经验艺术。学者判断该做什么，却无力判断可行性，更无力给出办事的恰当顺序、时机、节奏。徐悲鸿的老师要是能取代徐悲鸿，世上就没老师这个职业了。可历史也由学者写，学者只以成败论英雄。英雄是徐悲鸿，不是徐悲鸿的老师。说这番话，因为此文论述的是治理大都市应该做什么，不会判断可行性，更不可能判断什么是恰当的顺序、时机、节奏。

# 社会团结，国家才能富强*

北京大学中国与世界研究中心主任潘维教授于2017年4月出版了新书《信仰人民：中国共产党与中国政治传统》。该书是潘维教授新世纪以来文稿的选集，书中阐述了中国共产党如何从中国悠久的“民本”政治传统中汲取精华，提高组织社会和群众的能力；分析了中国共产党如何提高思想能力，对社会主义理论和话语推陈出新；探讨了当前国家治理的核心任务；讨论了社会主义新农村建设中关于土地流转方向等关键问题。

在党的十九大之后，该书中探讨的问题也具有了更大的现实意义：在社会物质财富空前丰富、市场化和全球化成为时代大潮的新时期，党如何处理新的矛盾，如何抗拒腐化，如何组织群众和社会？《南风窗》记者日前专访了潘维教授。对当前备受关注

* 本文是作者接受《南风窗》记者荣智慧的访谈稿，原载《南风窗》2017年第25期。

的热点问题，潘维教授给出了自己的分析。

## 信仰人民，就是要懂得老百姓生活的疾苦

**《南风窗》：**您的新书叫《信仰人民》，当下知识界也有其他一些声音，比如信仰精英，或者推崇“贤能政治”，您怎么看待这些现象？

**潘维：**这个话题很有意思。精英主义倾向是近三十年来的主流，因为市场的主导者毕竟是精英。我早年也曾积极推广“咨询型法治”以及与其配套的“绩优选拔制”，也就是贝淡宁推崇的“贤能政治”。

最近十多年来，我越来越意识到精英们未必很在意普通百姓的生活。有一部分精英相当腐化，大搞权钱交易，而且目空一切、自作聪明，自认比所有人聪明，把越来越不平等的现实生活视为理所当然，为之辩护。从这个意义上我转而强调“信仰人民”。

不平等导致“相对被剥夺感”，其对立面就是“获得感、幸福感、安全感”。对大多数中青年而言，养小孩是非常沉重的负担，而且因为教育资源争夺战愈演愈烈，大家都被迫让孩子抢先起跑，养小的负担越来越重，生活越来越艰难。

对我这种上了年纪的人而言，送老人也越来越艰难。我家老人享受传统的公费医疗，比普通百姓的待遇好得多，但送爹娘的那十年依然让我身心俱疲，一肚子辛酸。有钱有权的精英们没这个问题，好医院、好医生、贵重的药，都有人上赶着送去。为了

送老人，像我这种社会地位已经不低的人也需要低三下四地去求助“关系”，我不肯求人，自己担着，就是身心俱疲，一肚子的心酸。

我家老人还有我来送，到了我自己被送时的光景又如何？怎能不心有戚戚。看到中青年养小孩的困境，看到我们这一代送老人的艰辛，我对教育和医疗均等化特别有感觉。这难道不是“人民对美好生活的向往”？人生分四个阶段，被养、养小、送老、被送，所以养小送老是百姓人生的基本任务。

信仰人民的意思是，懂得老百姓生活的疾苦，从改善百姓的生活出发，组织群众、发动群众，依靠组织起来的人民，推翻压在我们生活中的“三座大山”（即看病贵、上学难、房价高）。我当然不排斥市场，市场能创造巨大的财富，但人类的社会生活不能市场化，医疗、教育、养老、居住要逐渐去市场化，这样才能弱化人民大众的相对被剥夺感，人民才会有不断增长的获得感、幸福感、安全感。就我所知，连美国也在曲曲折折地改革，逐步在社会领域降低市场的作用。

在社会领域的市场化让百姓生活越来越艰难，会分裂我们的社会。在我看来，社会主义就是以社会平等求得社会团结，是社会至上而非资本和个人至上。社会不团结，分裂成少数有钱有权的人和大多数平民百姓，国家就不可能强大、富裕。有了社会团结，上下同心同德，才可能有“中华民族的伟大复兴”。

也许有人会指责说，那是“民粹主义”。“民粹主义”不是对原文“populism”的准确翻译，准确的翻译是“平民主义”，其对应的词是“精英主义”（elitism）。平民主义分左右，精英主义也分左右，世界政治的舞台上总共有四种力量在博弈。无论如何，世界范围的反“精英主义”浪潮开始了，里根和撒切尔开创的那个时代正在落幕，但中国特色的社会主义并不属于其中的任何一种。我们做的是中国共产党领导的社会主义建设，目标不是少数人的现代化，而是整个中华民族的复兴。

**《南风窗》：**那您如何理解中国特色社会主义进入了新时代后社会主要矛盾的转化？

**潘维：**我特别赞同和支持十九大报告中“新时代”的提法。新时代，就是要往“共同富裕”的方向走。着重解决“患寡”问题的时代结束了，新时代之“新”的重要方面在于着重解决“患不均”问题。解决了患不均的问题，我们才能富强、民主、文明、和谐、美丽。

我认为，社会主义需要重新定义。苏联社会主义是第一个社会主义模式，把马克思主义落地了。苏联模式虽然对世界其他国家，包括对西方国家，都有很大启发，却也只是社会主义的一种，而且已经失败了。如果用苏联模式定义社会主义，社会主义的路会越走越窄。社会主义就是以社会平等求社会团结，社会至上而不是资本效率至上。

社会团结最核心的手段就是平等，这是古今中外早已有之的思想，佛教、印度教、基督教、伊斯兰教也讲平等，只不过宗教讲的不是现世平等，而是来世平等。我国儒家“小康”思想里的“大家庭”和家国同构也以血缘关系为由，为“患不均”辩护；

儒家的“大同”思想更是关于彻底平等的思想，与马克思的共产主义思想如出一辙。

一旦重新定义了社会主义，我们将会发现社会主义运动在全世界迅猛发展，到处都讲男女平等、教育平等、养老平等、医疗平等、政治平等、族裔平等。如果这样定义，社会主义的路就越走越宽。说白了，社会主义就是社会平等，逐渐降低市场机制在社会领域的作用，降低个人财富多寡对社会的分化。

## 党的领导是具体的

**《南风窗》：**您刚才说到国家富强，我们之前对于“强”的提法比较隐晦，特别是国际关系方面。现在开始提“从站起来、富起来到强起来”，那么这个“强”我们应该站在什么样的高度去总结、去展望？

**潘维：**这个问题也颇有趣。21 世纪初我们就流行争论中国是不是强国，我说中国当然是强国，从朝鲜战场打出来的强国，把世界上最强的国家打败了还是不是强国？后来发现大家不认，原因是我们不富，我们太穷。我自己也经历过穷的时代，整整 30 年前，我去美国的时候，兜里只有 10 美元，是我整月的工资，两个大旅行箱里装着锅碗、菜刀、枕头、被褥。当时没有恐惧感，只有去世界上最先进国家学习的喜悦和兴奋。那时候我们内心强大。到那儿才意识到我们非常贫穷、非常落后。

等到 1996 年我回国在北大任教时，月收入才 3 000 块。那时在美国教书，起薪每年 3 万美元（当时汇率是 1∶8）。而且人家每学期最多教两门课，甚至一门课。我一个学期教七门课，第二个学期又教七门课，3 000 元人民币。教那么多课干吗呢？挣钱啊。教一门有一门的钱，拿英文教有两门课的钱。当然，不只为挣钱，我也是“好为人师”，喜欢上课，讲出咽炎来了。而今在北大教书，靠工资收入就有能力把孩子送到发达国家读书，这富裕是我们这代人拼命干出来的，拿着低工资，勒紧裤腰带，拼命赚钱，才走上了富裕之路。

原来是强而穷，今天是富了却好像弱了，精神上弱了，社会也分裂了。过去人民是团结在一起的，上下同心，谁敢打我们呀？我国说北纬 17 度线你别过，过了我就真来打你，那个时候没有人怕美国。后来不知怎么，我们有些人在精神上先就给美国跪下了。这几年好了很多，因为中国人越来越富裕，自信心开始恢复了。美国大片确实好看，得承认咱们想象力不如人家，但精气神儿不能没有，上下同心不能没有，没有这个，中国就说不上强大。

我理解的“强”，人民要团结，要认同党和政府。今天在我们的居民社区里，有不少矛盾，没人管，政府部门也不进社区执法。这些矛盾导致了人民对党和政府的信任度越来越低。可是不深入基层，办不好人民的小事，国家的大事就办不成了。党如何获得人民的信任？因而还是要沉到基层，不拿群众一针一线，缸满院净，为家家户户排忧解难。如果能做到，正气能得到弘扬，每个居民区都干净整洁，秩序井然，你看人民信不信任你？

所以我引用老子《道德经》里的“上善若水”，引用《易经》

里的“否卦、泰卦”，引用儒家的“小康、大同”，就是想强调党的群众路线，希望从传统文化到革命文化说清一件事：中国的长治久安在于共产党深入每个居民区，恢复与人民的血肉联系。党与群众不是舟和水，不是载舟覆舟的关系，而是骨和肉的关系。这个道理想清楚了，我们党是大有希望的。

我特别喜欢“不忘初心”的说法。为什么干革命，搞建设？是为了劳动大众。只有大家都富起来，社会团结，中国才能富强。

**《南风窗》**：王岐山同志在参加十九大湖南省代表团讨论时提出，“党的领导是具体的不是抽象的。”组织群众和服务群众，其实就是“具体的”这个范畴。

**潘维**：什么叫执政权？古今中外，无论国家大小、贫富，没有哪个科层体系能单独治国。因为小事比大事重要，小事是民心的根本，而科层体系擅长办大事，办不了小事，小事只能是扁平组织办。

所以，组织居民自治的权力和能力就是执政权。谁领导某个居民社区自治，谁就有这个社区的执政权；丧失了对这个居民社区自治的领导权，就丧失了对这个社区的执政权。这是古今中外的历史早已清晰证明了的。我为什么强调居民区而不是工作社区？因为工作场所受市场支配，收入高低与我们的能力相关。因为我们百姓不是为劳作而劳作，是为生活而劳作。做一年工，为的是那将近 1/3 年的假期，为我们养小送老，为我们能工作后安全地退养。

人民民主是什么？人民民主的根本是社区居民自治，也就是把群众组织成人民，让人民就涉及自己直接利益的事当家作主，自己治理自己，自己解放自己。十九大报告提出，“党政军民学，东西南北中，党是领导一切的”。这不是科层化、专业化、官僚化。真正的问题是，8 000多万科层体制之外的党员，每10个成年人中就有1个，构成了扁平化的党组织，是党的领导的真正基础，是组织人民的根本力量。我们自己有8 000多万科层体制外的党员，怎么会把组织社会的工作完全外包给其他社会组织？

党不仅是科层组织，更是扁平组织，党的领导的正当性不仅取决于科层体系做了哪些大事，更取决于党在每个居民社区里的领导权，即组织群众、发动群众、依靠群众，让邻里守望相助，没病的帮有病的，年轻的帮年老的，有知识的帮缺知识的，有钱的帮缺钱的。一个个干净有序、正气占绝对上风的居民区就是人民对美好生活的期待，就是民心。

正因为如此，我国的治国方略是三位一体：党的领导、人民当家作主、依法治国，这个顺序不可以改变。依法治国不能搞成法条主义、程序主义，我们要的是实质正义。没有实质正义，程序正义就是为虎作伥。强调实质正义是中国的伟大传统，两千多年来我们就是这样延续了我们中国人的文明，强调这个传统来自文化自信。正是在上述意义上，才有真正意义上的“党领导一切”，如果不是这样，党的领导就会异化成党的官僚化、科层化。

**《南风窗》：**党的十九大报告里特别提到“坚决防止党内形成利益集团”。现在反腐败的惩治重点，是政治问题和经济腐败相互交织的利益集团，您认为利益集团形成的根本原因是什么？

**潘维：**中国主要朝代的寿命平均长达300年，那是很长寿的政权。为什么历朝历代都强调忌讳结党？因为结党必营私，所以"君子不党"。我们为什么有利益集团？因为市场化过程中就有权力与市场结合，有土地利益集团，有金融利益集团，有些搞特权的人哪行赚钱进哪行，左右了我们的政策。国家面临陷入"中等收入陷阱"的危险。

要解决权力与市场的关系，不仅要把权力关到笼子里，还要把资本也关到笼子里。怎样把资本也关到笼子里？把资本放到法律框架里，资本与权力脱钩，就没有那么强大的政治力量。拒绝权力与资本的结合，意味着工作重心要放到人民当中，关注社会，关注把居民重新组织起来。当资本与权力结合，一个个利益集团劫持了我国的宏观政策，政策就不稳定，人心就慌，获得感、幸福感、安全感就只属于少数人。迷恋旧路的人大有人在，一步步来吧，我为十九大提出的新方向鼓与呼。

## 我们是学习型国家、学习型文明

**《南风窗》：**党的十九大报告提出，到2035年基本实现现代化。我们今天该如何理解"现代化"，是不是它的内涵和外延都已经有了比较大的改变？

**潘维：**西方人说的现代化，是指他们从传统社会到现代社会的过程。他们声称，宗教、血缘、地缘、习惯左右过去的欧洲人行为，而近代以来由于资本主义市场的兴起，"市场理性"变成了左右行为的主要因素。市场理性就是算账，算得失账。在市场理性下，宗教、血缘、地缘、习惯，就都不重要了。市场理性会导致行政理性，也就是专业化、官僚化、六亲不认、严格依法办事的执法和执法队伍。但行政理性又导致法条主义、官僚主义，像个冷冰冰的铁笼子，让广大劳动者很难受，于是就有了政治理性。政治理性就是让政治家作为立法者来领导执法机构，向着穷人或者富人进行立法工作。

哪里来的政治家？还是市场理性，把政治家的公职拿出来公开拍卖，出价最高者得到立法机关职位，这就是普选。于是，市场理性、行政理性、政治理性的三位一体就是所谓的“现代性”，现代化就是这种“从传统社会到现代社会”的“转型”过程。

这套话我刚到美国就开始学，不容易理解。因为这套话连美国经验也说不清楚，美国人拿这话说给穷国听。回国后我讲授这个，中国学生还是难以理解。我国从商鞅时代就市场化了，公务员制度也早就有，可还是没有现代化。拍卖政治职位的事全世界都有，但好多也是世界上的落后国家。其实，在当代西方学问里，那现代化理论早就不是大学问，已经被批判得体无完肤了。

我国社会理解的现代化，从起初就是民富国强，人民像发达国家的人民一样富，国家像发达国家的强国一样强。美国人均年收入 5 万美元，35 万元人民币。这对中国很多人来说不是个可望不可即的事了吧？真正算数的还是生活水准。我国的生活水平一直快速提高，追上美国的水平也不是可望不可即的事。

现代化怎么走呢？回顾我们的历程，先是在一穷二白、国家安全缺乏保障的条件下走出了社会主义的初级版，又在衣食住行缺乏保障的条件下走出了让一部分人先富起来的中级版，而今在6亿吨粮食和稳居世界第二的80万亿元国内生产总值条件下宣布了共同富裕的高级版。在中国共产党领导下走中国特色的社会主义道路，用市场创造财富，用社会主义原则指导财富的分配，是条光明的路。

目前这条路面临两个困难：第一是新时代重新走群众路线的问题，要求我党重新重视组织居民过好日子；第二是新的经济增长动力的问题。过去是国家投资驱动，投基础设施，从今往后恐怕还要靠国家投资拉动，但重点是投社会领域，投均等化的教育、医疗、居住、养老。全民素质提高，就能导致全民收入提高。在社会领域的投入可能是未来30年经济发展的主动力，社会投入会产生巨大的经济产值，这是符合发达国家在第二次世界大战后的经验的，福利经济学的道理大致就是这个。但中国条件非常不同，我们得有中国特色的福利经济学。我看十九大报告已经把这个事破了题，接下来就要在实践中丰富我们中国特色的理论了。

**《南风窗》：**根据党的十九大确定的两步走，到了21世纪中叶我们要基本实现共同富裕，国际影响力领先世界，那么我们处理国际关系问题时，旧的一套知识是否已经落伍?

**潘维：**这个目标是三十余年后的事了。三十年是什么概念?是一代人，是可以产生巨大变化的。三十年后，如果我们建成了一个富强、民主、文明、和谐、美丽的现代化强国，我们跟世界什么关系？灯塔就是中国了。十九大宣布要构建“人类命运共同体”。什么是人类命运共同体？不是世界阶级斗争的划分，不是国家政治体制的划分，不是反对霸权的“三个世界”划分，也不是南方穷国与北方富国的划分。人类命运共同体以和平与发展为号召，要求开放和包容，要求伙伴关系而非军事同盟、用对话来取代对抗，还要求合作共赢而非用零和思维来解决发展问题。

这其中孕育着潜在的世界共识：第一，为了保障世界和平，世界各国同意不把本国的社会价值观和价值观排序强加给别国。第二，为了 21 世纪全球的经济繁荣，世界各国同意在欠发达国家修建基础设施，促进落后国家的经济发展。第三，为了保障各国内部的社会稳定，世界各国同意规范跨国资本流动，制止资本损害社会、俘获政府、威胁经济稳定和破坏自然环境的行为。这显然是中国设想的一种新型国际关系。

# 政府的理性化与官僚化*

## 一

很高兴为樊鹏同志的这本书《社会转型与国家强制：改革时期中国公安警察制度研究》作序。早年我参加过他在香港中文大学的博士论文答辩，后来又成为他在北京大学国际关系学院做博士后时的“合作导师”。他的博士论文在王绍光教授指导下完成，研究改革开放时期我国警察制度的变迁及其背后的社会政治逻辑。这本著作拓展了那本博士论文，给出了更明确、宏大的理论分析框架。

警察体制是国家体制的重要组成部分，但关于中国警察制度的研究并不多见。从旁观学者的立场出发，把改革开放后警察体

* 本文是《社会转型与国家强制：改革时期中国公安警察制度研究》一书的序言，写于 2017 年 11 月。

制变迁的历史脉络讲清楚、讲细致，不是件容易的事。樊鹏精明地选择了警察经费保障机制作为切入点。叙述这段历史变迁已经是不小的贡献了，但他这本著作的志向远不限于此，而是要以警察制度变迁为切入口来讨论中国政治变迁的方向。就此而言，他看到了四件重要的事。

第一，他看到了市场条件下政府的社会治理趋于理性化、法治化、官僚化（三个词几乎同义）。第二，他看到了中央政府与地方政府博弈的逻辑，即国法面前人人平等的法治化要求与因地制宜之活力的矛盾，类似“一放就乱，一乱就收，一收就死”的老问题。第三，他也看到了理性化、法治化、官僚化的弊端，即治理成本不断上升和治理成效不断下降的问题。第四，他还看到了发挥地方积极性与坚持群众路线的必要性。其实，群众路线与理性化、法治化、官僚化是逆向互补的。这些政治学里的重大理论问题被他标签为“社会转型”过程中的“国家强制力”问题。

我无意代读者读书，更无意写书评，却想就这本书的内容谈些感想。

## 二

权力是支配他人的手段。支配他人的手段总共就四种：硬的暴力和钱财，软的思想和（支配者的）人格。政府就是管理社会的国家机器。政府存在的标志只有两个要素：第一是对暴力的垄断，第二是对税收的垄断。一个是暴力，一个是钱财。警察是暴力垄断的表层，直接接触社会，里层则是军队。所以，警察无疑是政权最重要的组成部分之一。西词“警察”的词根是“城邦”，城邦在古希腊的含义是（城市里的）“公共生活”。而今城邦被理解为政权——一个城市的政权（city state)。城市政权是后来国家政权的雏形。（城市里的）“公共生活”这个词演化成“警察”这个词是个颇有寓意的事。警权的崩溃标志公共生活的崩溃，也即社会秩序的崩溃，这时军队就被迫现身了。

在中文里，城池与市场紧密相关，故有汉语里的“城市”一词。“资产阶级”这个西词的词根是“市民”，即生活在欧洲中世纪城市里的自由人、做生意的人，参照的是乡下的农奴。市场不是今天才有的，而且肯定先于文字诞生。但“资本主义市场体系”却是近代才出现的，城市就是这个体系的枢纽。而今这个体系左右着几乎每个地球人的生活。

伴随市场体系出现的是一整套关于维护市场机制的法律体系，特别是保护私有财产权的法律。毫无疑问，无论称为“市民权利”或“资产阶级法权”，这套法律体系是靠国家暴力维持的。然而，市场既然是“自发的”，由“看不见的手”来操作，为什么需要“看得见的手”来维系？怎样的“看得见的手”能维系市场？

在众多答案中，德国社会学家马克斯·韦伯的答案很著名，流行百年了。他的立论基础是“市场理性”（market rationality)。在他看来，传统社会未必主要靠市场交易生存，基于神灵信仰、习惯、血缘、地域的互助可以是生存的重要方式。何为

“理性”？理性就是在市场中盘算成本收益，理性化也就是淡化“非理性”的习惯、血缘、地域、信仰的作用。市场理性导致政府理性，即政府依照市场的要求在社会管理上趋于理性化、法治化、官僚化。当市场交易取代了习惯、血缘、地域、信仰，当市场利益竞争就是生存竞争，欺骗的欲望就普遍化了。那也是理性。

为维护市场系统的顺利运作就必须严惩欺骗者，必须有惩罚欺骗的法律系统，必须有六亲不认、坚持法律面前人人平等的专业执法队伍。而且，这支队伍自己不能滥权，必须严格依规矩办事。如此，行政机构主要是执法机构，即维护商业利益或“资产阶级法权”的机构。因此，中国传统的“以孝治天下，以德治国”就是非理性的。正是基于这种认识，韦伯把（政府的）“权威”分为三种类型：传统型、法律—理性型（legal-rational，简称法理型）和（过渡性质的）魅力领袖型。

为什么要有个“过渡”型权威？因为传统型和法理型权威都可能崩溃。传统型权威会被市场冲垮。而法理型权威有如“铁笼子”，催生官僚主义，催生人们对市场和执法机关无情无义的厌恶和对传统社会温情的向往。一旦发生社会秩序崩溃，“魅力领袖”就可能出现，带着众人走向法理权威或者走回传统权威。于是，“现代”市场体系里的政府管理就被理解为趋于“法律—理性”的权威，区别于“传统”权威。而其中的“魅力领袖型”权威经常被韦伯主义者当作理解共产党政权的工具，即“向现代社会转型”中的政权。

如何克服冷漠的市场？如何克服政府变成“铁笼子”，趋向法条主义、文牍主义、官僚主义？韦伯的答案依然是“市场理性”。让执法官僚接受政治家的领导。哪来的政治家？公权力拿到市场上公开拍卖，代表社会不同利益的政党相互竞争大众选票，出价的就是政治家，出价最高者得到执政权。获胜的政治家们以民选立法者的身份率领官僚执法体系，倾向左翼或右翼，倾向穷人或富人，就是基于市场机制的政治生活“理性”，称为政治理性或“民主”。然而，韦伯生活在美国“选举民主”向欧洲扩散的时代，不大可能预见到当今“选举民主”导致社会越来越分裂以及政治家蜕变成短视政客这两大弊端。

顺便提到，当代社科和人文的主流思想早已摒弃了“现代”与“传统”的两分思维，那种线性演进的思维方式不仅落伍，在实证中也站不住脚。各国市场体系的形态差异很大，美国与法国不同，法国与德国不同，德国与日本也不同。各国治理社会的方式差异更大，美国的法治与欧洲的法治根本就不是一回事，遑论日本的法治。而且，殊途未必同归，也就是说不仅路径不同，结果也大不相同，各国关于理想社会的目标更不同。

## 三

而今，我们有“社会主义”思想来对抗“资本主义”思想。

资本主义要求“个人自由”（即能人的特权），要求资本（获得利润的效率）至上，要求承认政府对市场机制的干预越少越好，要求承认自私和贫富差距为人类社会永恒的必然。

社会主义要求“群体自由”，要求社会至上，要求社会团结的利益至上，要求以平等求得社会的团结，要求在社会领域（教育、医疗、住房、养老）去市场化，致力于改变弱肉强食、贫富泾渭分明的社会结构。社会主义以“人性”对抗“本能”，拒绝承认自私和贫富差距为永恒的必然，誓言帮助穷人，是对抗市场“自然”法则的人文精神，是古今中外人类求进步的精神，也是“自然”的。

以平等求社会团结，既是佛教、基督教、伊斯兰教三大宗教的脊梁——以来世彻底平等的许诺来缓解现世不平等的痛苦，也是中式伦理道德的核心——家庭由小而大，所有人均为大家庭之成员，家国同构。西方教育以柏拉图为必读，柏拉图阐述了他的共产理想国。中式教育要求学子们背诵《礼记·礼运》中阐述的大同共产理想。社会主义思想古已有之，就是人文精神，就是精神文明，暗含最终消灭私有制，实现“共产”的理想。共产党和社会党人则把宗教对来世的许诺变成现世的努力，一步步削减市场带来的社会不平等。

如此定义，社会主义当然不仅限于斯大林模式。自20世纪初以来，以平等求社会团结的思想和实践在地理范围上遍及五大洲，在内容的广度和深度上迅速扩张，展现了人类社会进步的大方向。从税收、教育、医疗、养老、住房，到性别、种族、族裔的平等，再到休闲机会和政治参与的平等，无不展现出社会主义对“天然”市场分配机制的抗衡。

中国是穷国，迫切需要创造能比肩发达国家的人均收入。这是“患寡”。但中国还是个有强烈小农文化基因的国家，自古以来也“患不均”。从井田制到祠堂田，从打土豪分田地到耕地集体所有制和城市土地国有制，中国的社会主义欲望也是“天然”的。作为中国传统儒门弟子执政集团的延伸，继承“以民为本”的思想，就有了中国共产党及其“为人民服务”的基本宗旨，并领导走中国的社会主义道路——以市场为创造财富的主要手段，以社会主义原则指导财富的分配。

当市场成为我国创造财富的主要手段，理性化、法治化、官僚化的政治就必然出现。然而，西方的政治理性不仅有法治化和官僚化，还有竞争型政党政治，政党每隔几年要在全民中竞选，不仅获得执政“合法性”，更为理解平民百姓的需求，摆平其中的利益分歧和利益认识分歧。那么我国呢？

我国最大的风险在于中国共产党的科层化、官僚化。革命党变成了执政党，长期执政，执政成了目的，成了主要工作，忘记为什么能执政以及为什么执政。

长期执政的好处是不短视，能执行长期的战略，还特别能办“大事”。科层系统擅长办“大事”，但是最大弊端是不擅长办“小事”，扁平组织才擅长办“小事”。中国共产党若变成了纯粹的科层系统就必然脱离人民，就不再是“党”了。党消亡了，也就谈不上执政。执政党必然有科层组织，但党的本质是扁平组织。

古今中外，不分国家大小贫富，科层体系恒定不能单独执掌国家，居民区的居民组织起来自治向来比科层体系的治理更重要。为什么？因为居民区的“小事”比国家建设的“大事”重要。百姓有双重身份，劳动者是一种，而居民是另一种。人们不是为工作而工作，而是为生活而工作。8 小时工作是为了 16 小时的生活，每周 5 天的工作是为了每周 2 天的休闲，每年工作是为每年将近 1/3 的假期。工作机构可以由市场组织，但市场机制不能左右居民区的生活。居民社区的秩序与顺心，才是人民的根本需要。

由于“小事”比“大事”重要，所以“居民自治”比“科层体系之治”重要。没有了支持科层体系的居民自治组织，自上而下发号施令的科层体系没有根，不过是空中楼阁，总是处在危机四伏和风雨飘摇中。办不好“小事”，缺少了百姓的信任，国家“大事”逐渐就办不好、办不到了。

这就引出了一个重要道理：古今中外，执政权就是组织居民社区自治的权力和能力。有部分组织社区居民自治的权力就有部分执政权，丧失组织社区居民自治的权力和能力就丧失执政权。所以，有枪有钱的国民党不是 1949 年 10 月 1 日丢失了执政权，而是早就丢了，或者就不曾有过。而共产党的执政权不是 1949 年 10 月 1 日才有的，而是哪里的居民区里有共产党的基层政权，哪里就有共产党的执政权。

居民的社区自治从来就没有“自发”的，都是由社区精英领导的。我们中国共产党约有 9 000 万党员，有将近 800 万在科层体系里工作。那剩下的 8 000 多万党员本该是居民社区里组织和领导居民自治的核心力量，是党实现执政权的根本。为人民服务，不仅是为国家建设服务，更重要的是为群众的日常生活秩序服务，组织群众自己治理自己，自己解放自己，让“人民民主、人民当家作主”落到实处，让人民信任和支持执政党。再说一遍，居民的社区自治从来就没有“自发”的，都是由社区精英领导的。谁领导居民社区自治谁就有执政权，丧失了对居民社区自治的领导权就丧失了执政权。这个道理普适，古今中外，概莫能外。

我国以民本政治替代西式竞争型选举政治的功能，所以我国执政党不是有今天没明天的普通执政党。儒门弟子执政集团在中国绵延两千年并非偶然，而是一种出色的政治体制。强调群众路线，强调社会主义，是我党生命力所系。为这个体制保驾护航的原则就是党的领导、人民民主、依法治国的“三位一体”或“辩证统一”。这三者的顺序是不可以更改的。

以上我就樊鹏同志这本书谈了些感想，也可以说是对他书中所提问题的一个回应。当然，亦以此热烈祝贺他出版了这本以博士论文为原型的书。

# 以小为大、以下为上*

## 一

很高兴为陶元浩同志的这本《社区兴衰与国家治理》作序。这本书的原型是作者 2014 年在北京大学国际关系学院通过的博士论文。元浩 2011 年入学，提前一年，仅三年就完成了博士培养计划，并获中共中央党校教职。四年后的今天，那本论文在认真修改增补后由人民出版社出版。这本书全面阐述了中国社区的变迁，讨论了涉及社区的几乎所有重要话题，必将在有关专业的参考书目里获一席之地。作为当年元浩修习博士学位时的指导教师，我对他的成绩当然感到高兴。

---

* 本文是《社区兴衰与国家治理》一书的序言，写于 2018 年 7 月 13 日。

## 二

在理论上，这本书探讨的主题非常重要。如果变动标题的文字次序，把《社区兴衰与国家治理》改为《社区治理与国家兴衰》，读者会更容易了解其意义。其实，这本书第一章末节的标题就是“王朝兴衰与社区兴衰的内在逻辑”。

除了理论意义，探讨这个主题的现实意义更显而易见。为理解和改造现实而研究中国社区变迁是元浩写作博士论文的初心。而今，改善我国社会的“治理体系和治理能力”已经成为中国共产党的核心任务，是中国的显学。人们不是为工作而工作，而是为生活而工作。由于工作社区主要由市场主导，治理体系和治理能力指的主要是居住社区的治理。居住社区是社会的载体、秩序的载体、文化和道义的源泉，承载着人民对美好生活的绝大部分需要和向往。“人民对美好生活的向往”或曰“人民日益增长的美好生活需要”，就是中国共产党的奋斗目标。

社区不仅分成工作社区和居住社区，还分为城市社区和乡村社区，当然还有城乡结合部正在城市化过程中的社区。城市居民区基本没有经济功能，但乡村社区本质上是经济社区。当年在乡村强行要求政企分开，而今值得反思。在城市社区里，党的工作集中在工作社区，而居住社区日益成为一盘散沙，全社会的文化和道义标准急剧下降，更值得我们反思。

## 三

中国共产党的执政权主要体现为在每个具体的居民区动员和组织群众的权力和能力。党在哪个居民区丧失了这样的权力和能力，党就在哪个居民区丧失了执政权。国民党的执政权不是在1949年10月1日丢掉的，而是早就没了，甚至从来没有真正得到过。当中国90%以上的人口是农民，“农村包围城市”和“支部建在村上”的政权争夺意义就十分明显了。

“党”与“政府”不同。政府在本质上是科层体系，而党在本质上是扁平组织，为的是感知每个社区里群众的具体利益，把群众动员起来组织成人民，保障人民的权力和权益，让人民自己解放自己。所以，中国共产党拥有近9 000万党员和近500万基层组织。科层体系里的党员仅有不足800万。因为执政，因为要办国家建设的大事，党需要强大的科层体系。然而，党的生命力主要来自散布于每个居民区的党支部、党小组，来自科层体系外的8 000多万普通党员。

古今中外，没有任何国家的科层体系能单独治国，治国的基础都是人民自治。如果党的千千万万个支部丧失了（动员、组织居民的）功能，党的执政权就成为空中楼阁。如果党的科层体系与基层支部自下而上的权力形成关系断裂，自上而下的权力行使过程里就难有“群众路线”或“人民利益”，党本身就蜕化为空中楼阁，自拉自唱、自我繁殖、少数人为少数人进行“顶层设计”。

世上最长寿的科层体系是天主教廷。教廷科层体系历一千数百年迄今不衰，新教信众远不及其半数，原因有三，皆属不断的“自我革命”。(1) 强调基层组织是教会生命，善款发还基层，使教会/教堂覆盖尽可能多的居民点、贫民窟；(2) 为保障信仰和使命感，领导教会/教堂的教士们不蓄私产（即不结婚生子）；(3) 以自下而上的权力来源来保障自上而下的权力运行“不忘初心”。

## 四

共产党因为有“社会革命”的长远任务而需要长期执政。然而，执政久了，“大事”办多了，就走向科层化、官僚化，某些革命者蜕化为丧失社会革命理想的法条主义者。若没有不断的“自我革命”，官僚化意味着党变成科层政府，入党就是为了当官，于是 8 000 多万普通党员成为党的点缀，党就消亡了。

“不忘初心”，坚持走群众路线，不断推动社会革命，就需要党的“自我革命”，以小为大，以下为上。第一，党的核心使命是通过党员和基层支部把群众组织成人民，推动社会革命，建设美好社会。第二，群众社区生活里的“小事”重于国家建设的“大事”。小事办不好，大事就逐渐办不成了。第三，党的基层支部重于党的科层体系。人、财、物向基层倾斜，每个党员的党费应主要用于该党员居住的社区，让每个党员的使命与光荣具体化，让每个共产党员的邻居感到身边的党踏实可靠，感到共产党为人民服务的谦虚和无私。

## 五

“以小为大、以下为上”的道理不是没有根基的理论，而是我国经典治国理论的主要部分。《周易》有两个著名卦象，分称“否”和“泰”，成语“否极泰来”就源于这两个卦象。三条阳爻在上、三条阴爻在下是“否”，是大凶之象。官员以政绩谋升迁，属天然上升的乾阳之气。百姓过日子彼此斤斤计较，属天然下降的坤阴之气。将上升之阳置于上、下降之阴置于下，双方就背道而驰，所以卦辞是“天地不交而万物不通也，上下不交而天下无邦也”。相反，乾坤倒置，三条阴爻在上，三条阳爻在下，双方则相会相交，就是“泰”，是大吉之象，卦辞是“天地交而万物通也，上下交而其志同也”。因此，百姓生活的小事比国家建设的大事重要，扁平的基层组织比科层体系重要。科层体系谦虚谨慎，以社区自治组织为上，以小事为大，就有国泰民安。中华老祖宗在三千年前的《周易》时代就精彩地诠释了“人民当家作主”的深刻道理。

“以小为大、以下为上”是党的“自我革命”。自我革命为的是保持“初心”，保持社会革命的理想。何为社会革命？两千五百年前的老子在其著名的五千言《道德经》里就区分了“天之道”与“人之道”。人之道是“损不足以奉有余”，天之道是“损有余而补不足”。所以他告诫执政者要“损有余以奉天下”。顺应中国社会既患寡又患不均的实际，在天下为家，各亲其亲，各子其子，货力为己的现实里，融合道家与法家，儒家提出了小康方案：将整个社会塑造为成员平等的“大家庭”，以家庭伦理为纲常规范全国上下，以家庭伦理推广出“家国同构”，使百姓在“家国”中以社区为单位互帮互助、损有余而补不足。这是中华“以德治国”的本源，融合了市场和法治，却在政治上高于市场和法治。儒门弟子不仅要塑造现实的小康社会，还有建构“大同”社会的长远目标。天下为公，不独亲其亲，不独子其子，货力为公，天下大同，就是消灭私有制的共产社会。

## 六

为了社会革命的理想党要长期执政，党就必须以群众路线为自己的生命线。这群众路线也是中国传统思维。老子称，“上善若水”，因为“水善利万物而不争，处众人之所恶”。水的道理有三个。第一是“利万物”，而非重在利高贵。第二是趋下、“处众人之所恶”，总往高贵所不耻的卑下地方去，艰苦朴素，与底层群众在一起，不以琴棋书画、诗酒茶花的鉴赏力为荣。第三是“不争”，谦虚谨慎，顺势而为，“俏也不争春”。上善若水，只要位居于上，保持“上善”就不可能。水往低处流，可人要往高处走，所以“大江东去，浪淘尽，千古风流人物”。

我国千千万万个微观的居民社区是下，是“众人之所恶”。

在这些藏污纳垢的微观世界里蕴藏着我国最宏观、最壮丽的政治——13 亿多居民过上美好生活的愿望。

借题发挥，发了一堆关于党建的感慨，既想说明社区研究的意义，也以此向出版了第一本著作的陶元浩同志致贺。

# 改革咏叹调*

大概 2002 年春，在武汉开的一个农村改革研讨会上，结识了年长我两岁多的宋亚平。他官居七品，我是北大教员。会上老宋拉拉杂杂介绍了十几条“咸安改革经验”，印象深的是取消乡镇“七站八所”，称“养事不养人”；还把本区编内乡镇干部遣送到广东打体力工，要他们“接受新观念”。当时我笃信“读书人以批评为己任”；后来才懂得，那是胡乱指手画脚不用负责的轻薄。直觉他上午的发言是“吹牛”，马上查地图，发现咸安在武汉正南仅八十公里。午饭不吃了，租车直奔其“巢穴”，打算次日就用“调研事实”戳破其“牛皮”。夜里回到武汉，想法变了。他那十几条颇有道理，也有效果。自此，我俩不时于各处聚首，议论乡村事务，经常激荡出火花。我邀他来北大演讲，数百人的

---

* 本文是《突围》一书的代序，完稿于 2018 年 10 月 26 日。

报告厅爆满。他带我和长辈陆学艺先生周游湖北乡下，见到了许多奇奇怪怪的事。惺惺相惜，立场、观点相通，这位农家子弟史学博士和官场曾经的弄潮儿成为我的兄长，常在实践层面上为我解惑。

咸安区是地级咸宁市的主城。近二十年前，从 1999 到 2003 年，宋亚平在那里当区委书记。听起来“区”应该是城市，当年却主要是乡村，1 500 平方公里的土地上生活着近 50 万百姓。他做那“七品”的区委书记不过四年多，大力推动“机构改革”，折腾得全省皆知，影响远及全国。此书对他的改革措施及当时当地的历史背景已有详尽说明，我无意代读者读书，借老兄这书谈些感想，也见证近廿载情谊。

## 一、上下齐手推改革的激情年代

二十年前，受美国人挑起的“亚洲金融危机”影响，中国出口断崖式下降，银行及国有企业“三角债”债台高筑，处在破产边缘。这触发了朱镕基总理铁腕操盘的一场惊天地泣鬼神的改革：各级政府拥有的国企“抓大放小”清算出售。在国有资产被变卖的盛宴中数千万国企工人“下岗”，老幼妇孺怨声载道，全国社保体系却由此建立，我国银行体系也步入健康发展的快车道。与城里人下岗的同时，作为国有企业下游的乡村企业（乡政府和村政权办的企业，官称“乡镇企业”）也陷入困境，被官方以“政企分开”为由明令“转制”。此前在几乎整个 90 年代，中国乡村企业“异军突起，三分天下有其一”，在世界上声名显赫。“异军”即杂牌军、非正规军；“三分”指占全国工业产值、出口产值和税收各三分之一。那时村村冒烟办工业，当然也留下遍地污染。那个激动人心的浪潮今天还留了个“农村集体用地”的肥硕尾巴。笔者在90年代中期以乡村企业为题在美国完成了博士论文，即商务印书馆出版的《农民与市场》。风云突变，到21世纪初，乡村企业“转制”清算出售，原本半工半农的“工人”变回纯粹务农的农民，触发了全国范围的“三农”问题。2000年春天，湖北监利县某乡党委书记李昌平给朱镕基总理写信，称湖北的“农民真苦，农村真穷，农业真危险”。就此，“三农”成为尽人皆知的词汇。

在李昌平给总理写信的十几年前，农村是中国市场化改革的先锋，也是改革成果立竿见影的橱窗、“万元户”的摇篮。步入21世纪之际，原本不成问题的农村税费成了大问题。“税”指的是农户缴纳给国家上年纯收入之5%的农业税。“费”指的是“三提五统”（村政权向农户收公积金、公益金、管理费等“提留”；乡镇政府向农村经济机构和农户提取教育、优抚、计生、民兵、基建等“统筹”），取之于农民，用之于农村，总数也限定在农户上年纯收入之5%。“农户上年纯收入”是多少？别说政府，就是农民自己也算不清。农户条件各不相同，标准估值和有农户借故拖延不交都引发危机。再有，自80年代中期废公社改乡镇政府以来，乡镇政府机构不断充实，麻雀虽小五脏俱全，与县政府各机构对接，形成“七站八所”（农机、农技、计生、广播、文化、经管、客运等“站”；上级派出的司法、财政、警务、林业、房管、土地、供电、邮政、工商等“所”）。制度化不适应变化，加重了农民负担。农民人多地少，农业不赚钱，没有集体经济代缴税费，农民负担就成了压垮骆驼的最后一根稻草，维权抗争，“烽烟遍地”。那时，中央政府认定农村基层政权胡作非为导致了农民负担，就先废掉了“费”。没了“费”，农村基层政权怎么活？在一批京城主管的想象里，答案是“选举”，而且是“海选”，先竞选候选人，再竞选第二轮。选上村主任就被突击入党，村主任和村书记“一肩挑”。如此，党的领导演变成了“封建土围子”。当时官学两界不少有影响力的人认为，竞选就是民主，民主就是竞选，将来步步升级为海选乡镇长、县市长、省长、总理，就是中国政治改革的方向。很快，中央发现收农业税日渐艰难，收税成本远大于收到的税款，便在 2006 年 1 月 1 日彻底废除了中国两千六百年的农业税。其实，一两年前，2004 年，中央已开始实施农业“直补”，让城里人反哺农业。不过，再两三年前，2001 年 12 月 11 日，中国加入 WTO，开始向世界开放农业市场，从此我国主要农产品价格就一蹶不振了。出乎意料的是，我国农业、农村、农民的破产导致了廉价劳力供应暴增，来料加工出口企业爆炸式发展。亚洲金融危机十年后，到 2008 年美国引发世界金融危机时，中国已成“世界工厂”，也是“世界烟囱”。貌似无解的、以人多地少为核心的“三农”问题忽然消失。村里多为老弱妇孺病残，耕地抛荒渐成“新常态”。世事难料，大多数难题不是“解决”的，而是“熬”过去的。自作聪明，傲慢地认为能预见甚至把控未来就难免犯错，比如一胎政策。

从亚洲金融危机到世界金融危机的十年是个困难时代，体制机制改革是主旋律，而且改革会出立竿见影的成就。改革，两条腿走路，不仅来自中央，而且来自下层的县。那时县级的著名改革人物层出不穷，其中就包括湖北的宋亚平。那十年是激情“改革”时代，上下都敢于担当。与上世纪 80 年代“摸着石头过河”不同，那是遇到什么大问题就优先解决什么问题的十年，是“实事求是”的年代。那时无人争论“市场与政府关系”之类的宏大意识形态话题，也没人敢称自己有能力进行“顶层设计”。大家都在试错。解决不了问题的改革方案就废除；新方案制造了新问题，就针对新问题再提新的改革方案。上下齐手，既造就了体制机制改革的火红年代，也造就了政出多门的混乱和腐败。混乱的动能是惊人的，中国经济奇迹就诞生于混乱中。

## 二、体制机制改革的核心是精兵简政

李昌平的诉苦信和宋亚平的改革都发生在湖北。为什么是湖北？为什么辛亥革命发生在湖北？我少年时曾接连在贵州、江西、湖北各生活一年。湖北荆州条件最好，有米有莲藕菱角还有鱼虾，一举终结了饥饿记忆。李昌平的监利县去武汉不便，却属荆州地区，在江汉平原南侧，邻洞庭湖、洪湖、长江，还紧邻湖南第二大城岳阳。自然条件好，3 500 平方公里时常漫水的土地养活了100万苦撑着务农的百姓，不愿背井离乡务工。不东不西，不是东西，问题也不西不东。

纵观我国四十年来的改革，大方向当然是市场化。但改革绝非为改革而改革、为大方向而改革，更非无的放矢、随意折腾下属和百姓。改革动力来自风云突变，此前十余年刚设立的体制机制瞬间变成需要立即解决的大问题。10%的负担农民承受不起了，只好废掉税费。开放了农产品进口，农民要破产，只好发种植补贴。此时教育部“火上浇油”搞“普九”，乡镇政府没钱，只好改为县和省承担。上级政府也担不起，就号召社会捐资建“希望小学”。当年办乡村企业缺钱，乡镇政府集资办“农村合作基金会”。企业垮了，“基金会”欠下海量债务，县府就得想办法搞破产清债，“谁的孩子谁抱走”。乡镇政府体制建成了，却没了企业做后盾，导致农民负担加重，只好又拆掉。宋亚平等“七品”们自下而上推动体制机制改革，就有了而今的乡财县管、乡镇政府人员及工作开支由县里拨款。这些“体制机制改革”是不是“市场化”？不重要，重要的是出什么问题解决什么问题，哪里出问题就在哪里解决。实事求是，国家就在不断解决问题中进步。不过十几年时间，村办小学消失了，乡镇中学也凋零了，当年在山村里建的“希望小学”已成残垣断壁。家猪变野猪，生态正恢复，“沉舟侧畔千帆过，病树前头万木春”。

什么是体制机制改革？改革改的是权力机构和权力运行机制。为什么要改体制机制？不是因为“大方向”，不是因为要与先进的外国接轨，不是因为外国压着我们改，不是因为外国的月亮比中国圆，而是因为前进遇到了过不去的坎，现存的体制机制成了问题本身。

经济和房地产繁荣导致税收快速增加，基建资金充裕，人民生活快速改善，也催生了越来越繁杂的政府服务和监管。政府机构越来越多，雇用的临时帮手也越来越多。但当经济遇到困难就得“精兵简政”了。四十年来，中国经济波折不断，并非一路凯歌，所以精兵简政也搞过多次。而今不同，紧日子长期化，精兵简政不再是短期行为了。体制机制改革是解决经济困境的办法，所以无论古今中外，体制机制改革的核心恒定是精兵简政。先锋改革者如宋亚平们“胆大妄为”搞改革，精兵简政是主要内容。国人熟知精兵简政这个词多是因为毛泽东同志的文章《为人民服务》。文中有段非常著名的话：“‘精兵简政’这一条意见，就是党外人士李鼎铭先生提出来的；他提得好，对人民有好处，我们就采用了。只要我们为人民的利益坚持好的，为人民的利益改正错的，我们这个队伍就一定会兴旺起来。”

精兵简政不是目的而是手段。是手段就有周期性质，经济好时扩张，经济差了收缩。但简政这个词粗糙，还可能粗暴，弄出乱子。放弃药品食品监管可能引发公共安全问题。放弃监管金融业而导致金融危机，成本就不仅是监管人员的开支了。有些“政”非但减不得，还得加强。所以，兵不在多而在“精”，提高行政效率才是精兵简政的关键。都市的核心是公有和共有财产，所以大都市秩序的基础是保护公有和共有财产，防止被侵占成私家利益。保护公有财产意味着严禁公共道路变为私家车停车场。

保护共有财产需要执法机关进公寓大楼社区，制止商住混合，制止违章建筑，制止拖延缴纳物业费。这似乎都要求更多的执法人手。然而，以罚代管，让违法成本远远高于执法成本，是高效维护都市秩序的不二法门。这也要求司法和立法机关支持民法契约。不去支持城市秩序的正义不是“讲政治”，而是在让政治腐烂，让违法和占公家便宜成为习俗，让大都市秩序可望而不可即。在大学搞一千年“通识教育”也顶不上把坚决捍卫公有和共有财产的公共政策坚持十年。公益精神的滑坡不是教育导致的，是政策结构导致的。换言之，精兵简政为的是提高打仗的效率，是为了打胜仗。打不赢，甚至溃败，精兵简政就失败了。历史向来以结果论英雄。

## 三、“螺旋式”的改革路径

我国以“改革”命名一个长达四十年的时代。再早的那个时代名为“革命”，更早的那个称“大革命”。尽管“周虽旧邦，其命维新”，但中国两千多年“不变的封建”在人类文明史上也是朵奇葩。百年来，中国的变革欲如此强烈，世界上再找不出第二国。为什么？答案似乎是追求“现代化”。但什么是现代？什么是现代化？

在以欧洲经验为基础的西学知识里，“现代”与“传统”是两分的。由于第一产业的主导作用被第二产业取代，供需两旺、供需两相依存的市场体系发展起来了，习惯、宗教、血缘、地域主导的“传统”社会让位于“市场理性”（理性即精算得失账）主导的“现代”社会。市场理性催生了由中立执法体系支撑的“社会理性”。社会理性又催生了“政治理性”，即公开拍卖政府权力，出价高者得。此即“现代性”。往现代性方向变化即“现代化”，或称市场化、法治化、民主化。

中国早在“传统社会”的初期就完成了“世俗化”，也早有“市场理性”，而且市场理性与血缘、地域、习惯等等“传统”结合得天衣无缝。所以，中国政学两界不耐烦西学那些弯弯绕。在中国，“现代化”的定义简单到四个字：“国强民富”。何为国强？像任何西方强国一样强。何为民富？像任何西方国家的民众一样富。日本提早在“近代”就做到了国强民富，故称“近代化”。中国大得多，情况也复杂得多，直到“现代”或“当代”还没做到，所以至今还要“现代化”。

可怎么才能达到国强民富？在西学统治大学文科的时代，问题似乎又回到了“市场化、法治化、民主化”这种大而化之的概念、观念。

四十年改革的巨大成就是谁也否认不了的。但而今很多人认为，否定两个三十年中的头一个，是后三十年的教训所在。说改革开放时代只有成就没有教训是睁眼说瞎话。军政腐败，社会一盘散沙，公德滑坡，精英与平民分裂，思想混乱，百姓养小送老日渐艰难，自然环境大破坏，都指向社会领域的市场化之误，也指向让全社会承担企业赚钱的“负外部性”成本之误。固然，发展必须付代价，没有不付成本的进步。甚至，成就越大，成本越高，因为天上不掉馅饼。然而，终于有一天，成本等于甚至高于成就，老办法持续不下去，发展就迟滞了。啃到了老百姓的骨头，骨头就越来越硬，早晚会崩掉牙齿。于是，我国就进入了“新时代”。在十九大，党中央准确地把“不平衡发展”放在了“不充分发展”之前作为两大主要矛盾之一。

什么是现代社会？在我看，现代社会与传统社会最大的不同是快速的、不间断的变化。科技创新是这个时代的主旋律，不断加速的科技创新带来了不间断的社会变化。这在靠天吃饭的第一产业时代绝难想象。在不间断的巨变中，不可预测是唯一能预测的。这带来了两大结果：其一是人们追求制度化，企图以制度在无序中找到稳定和归属；其二是制度稳不住，刚建的制度很快就过时。于是，在渴望“现代化”的中国，体制机制改革“永远在路上”。

如果改革永远在路上，纠正失误就意味着“螺旋式”的发展。历史不会倒退，人不可能两次踏入同一条河。但改革之后再改革意味什么？意味着解决问题的新方法貌似回到过去，意味着“否定之否定”，意味着“正反合”题，或者说“回到未来”。

在耕地大面积撂荒之际，我们一如既往地羡慕先进的“规模农业”。四十年前，我国从“三级所有，队为基础”的农村人民公社回归了小农家庭耕作。但那不是简单的“回归”，是在新中国土地改革基础上的回归，是在耕地绝对平均化基础上的“回归”。那个“回归”给了农民自由，特别是离土离乡去城里务工的自由，更激发了农民种田的积极性。而今，在同样的土地家庭承包制度下，农民种田积极性降到了中国有史以来的最低点。建人民公社是为了规模经济，但规模经济却带来大灾难，所以退到了“队为基础”（“生产队”，即今天自然村的“村组”，起初平均仅 24 户），四十年前又回归到家庭耕作，貌似“一夜回到解放前”。小规模的家庭耕作而今走到了尽头，所以重提土地集中、规模耕作。而今的规模耕作当然不同于人民公社，而是在完成了全面工业化基础上的规模耕作。机械、化肥、农药、种子、灌溉，现代的农耕手段早已今非昔比。

耕地集中有三种台面上的方案。第一，耕地私有化。但靠私有化集中土地，让城里过剩的资本下乡并购个体农民的承包地，土地集中的速度显然会很慢，多数有承包地的农民或非农民不会傻到廉价放弃土地。于是，人们有理由怀疑耕地私有化不是为了集中土地，甚至与农业也无关，而是为了让城里资本去炒作农地，让农地吸纳城里通货膨胀的压力。那不仅极不道德，违背工农联盟之国本，还违背了我国“耕者有其田”的亘古道义。把农田变成资本炒作工具更会毁灭我国农业。第二，“确权颁证”。虚化土地发包方——农村集体，让承包地成为小农“永久财产”，小农们或许会把土地转租给“种田大户”。但这种集中不仅缓慢，而且很不稳定——承包人可随时要回土地或提高地租。况且，随着农村人口流失还会产生大量“不在地”地主，依旧违背“耕者有其田”的天理。第三，根据《宪法》和《土地管理法》，重申耕地归农村集体所有。这样，农村集体有权根据本地条件不断进行增人增地和减人减地的发包调整，阻止大量产生“不在地”地主。美国农场的平均规模约三千亩。若按行政村算，我国农村集体平均拥有三千亩以上的规模，规模耕作在我国本来是现成的、法定的。留在田地里耕作的越来越少的农民，是不是应当拥有越来越多的耕地，像城里人一样过越来越富裕的生活？答案是肯定的。让真正的农民真正脱贫不可能靠慈善。既然改革永远在路上，其进展就难免呈螺旋状。拒绝改革呈现的螺旋状，不从实际出发，从市场化等“观念”出发，无异于拒绝改革本身。那又何来“新时代”？

在城乡基层社区一刀切地搞“政企分开”，大概是改革四十年里的一个重要教训。城市社区是非经济社区，但农村社区主要是经济社区。没有经济就没有农村社区。我们不能忘记，耕地属于农村集体是法定的，反对耕地集中在少数个人手里是中国共产党领导人民革命的最基本的正当性来源。

## 四、农村改革最忌“一刀切”

搞农地家庭承包不是顶层设计的结果，乡村企业的异军“突起”，也不是，“三农”问题的忽然消失更是个意外。全国农村“确权颁证”的顶层设计要求农村土地流转集中，花了很多钱，却基本无效。为什么？因为我国农村自然条件和社区条件千差万别。唯一能确定的是，一个出色的本地社区领头人能创造奇迹。然而，出色的社区领头人向来可遇不可求。

举个极端却影响到全国的例子。新疆南部的绿洲有我国唯一存留的老式“三农”问题，而且严重到“爆炸”的程度。随着中国市场化改革的进展——尽管南疆的改革脚步比内地慢了不止两三拍，那里千万维吾尔族人的生活水平非但没上升，反而下降。在一个个隔离的小绿洲里，维吾尔族人比汉族人更精耕细作。但那里农作规模非常小，与市场距离遥远到基本不可及，农耕技术的进步被人口增长吞噬殆尽。这种人多地少的经典“三农”问题由于维吾尔族农民缺乏非农出口而日渐严重。原本能吸纳其就业的新疆国企没有了，因为语言、宗教、习俗，不稳定的私企也几乎没法接受维吾尔族雇工。与内地和北疆相比较，群体贫困成为塑造南疆族裔认同的最大推手。新形成的族裔认同又成为境外各种势力的香饽饽，成为暴恐事件的温床。如此，连少量流入内地的维吾尔族小本生意人乃至疆内对本族裔前途心急如焚的维吾尔族知识分子也难免成为怀疑对象。无工不富，整体的贫困来自非但没减少反而快速增加的南疆务农人口。这显然不是靠鼓励“庭院经济”或者“扶贫”慈善能解决的。在市场化里，南疆维吾尔族人被整体抛出了；撒胡椒面式的慈善至多起“维持”作用。换言之，市场化不是解决南疆问题的手段，而是南疆问题持续恶化的原因。怎样才能让维吾尔族人离土离乡，成为城市人，进而拥有出色的大学生、医生、工程师、教师、运动员、艺术家？发扬我国社会主义制度集中力量办大事的优势，在南疆新建两座现代化大城市，堪比迪拜、阿布扎比甚至伊斯坦布尔，吸纳一半绿洲农民，维吾尔族人就会感受到中华民族的无比强大，并以这个大家庭的一员而自豪。

当宋亚平带我们周游湖北乡下时，我惊讶地发现，秦始皇统一度量衡都两千多年了，而湖北的“山地亩、习惯亩”还是比“标准亩”大一半。而且，一家一户的“宅基地”居然占地近十亩，拥有自家的风水林和池塘。可那里的农民却依然贫穷。而在淮河以北，我又见到过卫星定位的联合收割机一字排开，像蝗虫那样随作物成熟渐次向北推进，直抵山海关到天山以北的一线，令人叹为观止。其实，就在李昌平的监利县内，“十里不同音”、语言不通，也是常见，遑论在其不远的大别山脚下“盛产”造反的将军。

何为“大一统”？因为承认差别，宽容差异，我国就广有“五湖四海”。核心不是“一统”，而在“大”。有容乃大，就有了大一统。千差万别的我国农村就是“大”的象征。强求一致，强求国法之治，不理解为何两千多年来要实行“村民自治”，大中华就会变成小中华，大一统就会变成小一统。

我们百姓的人生不过四个阶段：被养、养小、送老、被送。“人民日益增长的美好生活需要”就围绕这四大概念展开，无非教育、医疗、住房、养老这四件事。当我们逐渐进入了“被送”阶段，就越来越理解“包容”了。若当年凭一股子书生意气，不去实地调研，凭三寸不烂之舌在会上痛斥一顿宋氏“咸安新政”，也是可能的，却不会有我俩今日的兄弟之谊。万古高山，千秋流水，知音缘起不灭。愿这段代序对后学有益，也续写我们的相知。